大澤真幸
Masachi Ohsawa

夢よりも深い覚醒へ

――3・11後の哲学

JN284247

岩波新書
1356

目　次

目次

序　夢よりも深い覚醒へ

1　夢よりも深い覚醒へ

子を失った父親が見た夢

ジクムント・フロイトは、重病の息子を看病してきたある父親が、その子が亡くなったすぐ後に見た夢を採録している。子が死んだ後、その父親は、子の遺体が安置されてある部屋の隣室で休んでいた。彼は、隣の部屋との間のドアは開けたままにしておいた。そこにある愛児の身体を見ることができるようにするためである。遺体が置かれているその部屋では、彼が雇った老人が遺体の番をしていた。そのうち、父親はうとうとしてしまったらしい。フロイトが記しているのは、この間に父親が見た夢である。夢の中で、死んだはずの息子が、父親のベッドの脇に立って、彼の胸ぐらをつかみ、彼を激しく責めたてるのだ。「お父さん！　僕がやけどをしているのがわからないの？」と。父は、子の激しさに驚き、目を覚ました。そして隣室に駆け込むと、番をしていた老人はうたた寝をしており、ロウソクが倒れ、子どもの遺体の衣服の一部と片腕が焼け焦げていた……。

この夢を紹介したのは、これが、二〇一一年三月一一日に端を発する出来事に対応する寓話的な意味をもつからである。

　この日の一四時四六分一八秒に、日本の東北地方の太平洋沖——厳密に言えば牡鹿半島の東南東沖一三〇キロメートルの海底——を震源とする、マグニチュード九・〇の超大型の地震、日本の観測史上最大規模の地震が発生した。この地震によって、場所によっては、波高一〇メートル以上、最大遡上高四〇メートル以上の大津波が、東北地方から北関東にかけての太平洋岸を襲い、壊滅的な被害をもたらした。地震と津波による死者と行方不明者の合計は、およそ二万人であった。

　破局的な災害はここで終わらなかった。地震と津波による打撃で、福島県浜通りにあった東京電力福島第一原子力発電所が全電源を喪失し、原子炉が冷却できなくなり、炉心溶融や水素爆発等が引き起こされ、大量の放射性物質を外部に漏洩させる深刻な原子力事故に至った。破壊されたのは、同発電所に六基ある原子炉のうちの四基であった。事故によって、原発の周辺住民は、長期の避難を強いられるような事態にまで発展した。まるで、周辺の町や村が全体として根こそぎにされ、別の土地に強引に移植されたような状況になった。日本の原子力安全・保安院は、ＩＮＥＳ（国際原子力事象評価尺度）の基準を用いたときに、この事故は最悪の「レベル７（深刻な事故）」にあたるという暫定的な評価を下している。過去の同レベルの事故は、一九八六年四月二六日のチェルノブイリ原発事故のみである。つまり福島第一原発の事故は、チェルノブイリ以来の、いやチェルノブイリを超える人類史上最悪の原発事故になったのだ。

二〇一一年三月一一日に端を発する出来事——3・11と呼ぼう——とは、言うまでもなく、以上の地震・津波と原発事故とを合わせたものである。前者は後者の引き金になっているが、二つは別の災害だ。しかし、これらを完全に分けて考えることは難しい。冒頭に紹介した「息子を亡くした父親の夢」に見立てることができるのは、これら二つを合わせた3・11の出来事である。どのような意味において、両者は、この父親の夢と3・11とは類比的なのか？

まず、多くの者が——私自身を含む多くの者が——、3・11に遭遇して、あるいはこの出来事に直接的・間接的に巻き込まれて、すぐには言葉にしがたいショックを受け、まるで夢の中に、悪夢の中にいるようだ、これはほんとうに夢なのではないか、そのような印象をもったに違いない。夢の内容に関しても、すでに死亡している子どもの身体が、ロウソクの火によって焼かれるという二段階は、地震と津波によって壊滅的な被害を受けているところに、原発事故が追い打ちをかけるという二段階と似ている。だが、何よりも、3・11との類比において注目すべきは、この夢そのものではなく、夢に対するこの父親自身の態度とこの夢の解釈をめぐる困難である。夢に対する関係の取り方が、われわれの3・11への関係について教えるところがあるのだ。

夢から現実への逃避

この夢に対する標準的な解釈は、夢には、睡眠を引き延ばす機能があるという説を前提にした解釈である。たとえば、夢の中で電話が鳴る。そのコール音がどうしても消えず、目を覚ましてみると、それは目覚まし時計の音だったことがわかる、といった体験を誰もがもっているだろう。現実の目覚まし時計の音が夢の中では電話の音に変換されていたのである。夢のストーリーに雑音が整合的に組み込まれることで、少しだけ睡眠が引き延ばされる。目覚まし時計が鳴った瞬間に、目が覚めずに済むのだ。これと同じやり方で、あの父親の夢を解釈できるように思える。隣室から入る火の光や煙、あるいは熱気が、父親の睡眠を最終的には妨げているのだが、瞬間的には、これらが夢のストーリーの中の必要なアイテムとして組み込まれることで、彼の睡眠が少しばかり長くなっている、というわけである。

しかし、ジャック・ラカン――フロイトのテクストに対するあの驚異的な読み手ラカン――は、この標準的な見解とはまったく異なる解釈を提起している。[1]より説得力があるのは、こちらの方である。夢の中で非常に激しいことが起き、その衝撃で目を覚ましてしまう、ということが誰にでもあるだろう。たとえば、夢の中で殺されそうになるとか、密かに愛する人の魅惑的な姿態を見るとか、そうしたときに驚きのあまり目を覚ましてしまい、心臓が激しく鼓動し、汗をびっしょりとかいている自分に気が付く、ということがあるだろう。この場合には、夢は睡眠を引き延ばしているのではなく、むしろ、その内在的な力によって、人を覚醒へと追いやっているのである。ラカンの解釈は、この父親の夢を、こうした激しい夢の一つと見なすものである。

それは、次のような解釈だ。この父親は、看病の疲れのために、そして何より、愛するわが子を失ったという悲しい現実から逃避するために、眠りに入ったのだろう。だが、睡眠中の夢の中で、彼は、もっと恐ろしい現実、わが子の死をも超える恐ろしい現実、もっとはるかに耐えがたい真実に遭遇したのだ。夢の中で、子どもは父親を厳しく責めている。なぜ、父親はこんな夢を見たのか、を考えてみるとよい。それは、彼が、子どもに対して深い罪悪感をもっていたからである。父親には、自分がもっと頑張って看病していれば、子どもは死なずに済んだのではないか、という想いがあったのだ。しかし、彼は、その想い、罪悪感を抑圧していた。だが、抑圧していた罪悪感は、夢の中で、「責める子ども」の姿をとって回帰してきたのである。父親は、子の激しい怒りにショックを受けただろう。彼があわてて目覚めたのは、この罪悪感から目を背けるためである。父親は、初めは、現実から逃避するために夢の中に入った。しかし、夢の中で、彼はもっと恐ろしい、自分が普段は否認していた——十分に意識してはいなかった——真実に出会い、今度はそこから現実の方へと逃避したのである。

語ることで隠蔽する？

夢の解釈をめぐる以上の経緯のどこに教訓があるのか？　われわれは、3・11の出来事に遭遇し、ショックを受け、まるでそれを夢、悪夢のようなものと感じた。先ほど私はこのように述べた。3・11には、われわれの精神を、あるいは社会を根底から揺さぶるものがあった。出来事の現場に立ち会っていた者、直接の被害を受けた者はもちろんだが、被害がそれほど大きくなかった者や、あるいはマスメディアの報道やインターネット等の情報を通じて出来事を知った者も、皆、夢の中にいるような気持ちになったことだろう。ちょうど、あの父親が、激しく怒り責める（死んだ）息子に夢の中で出会ったときに感じたのと同じようなショックを、われわれも得たのである。しかし、そのショックが何であるのか、なぜそれほどの衝撃を受けたのか、そうしたことはすぐにはわからなかったに違いない。あの父親も同じである。なぜ責める息子に会ったのか、どうして夢からあわてて逃げ出したのか（つまり目が覚めたのか）、そうしたことは、自分では理解できなかったのだ。

3・11以降、夥しい量の言説が生み出されてきた。言説の量は、われわれの衝撃の大きさに比例している。あのときに何があったのか、事故の原因はどこにあるのか、復興のためにどのような対策をうつべきなのか、今後の電力政策はどうあるべきか……等々が語られてきた。無論、これらの言説の大半は、必要なことであり、また多くの正しい主張を含んでいただろう。

だが、しかし、同時に次のような疑問も出てくる。これらの言説は——少なくともそのある部分に関して言えば——、あの夢、3・11という悪夢に匹敵する深さをもっていただろうか。われわれが受けたショックをすべて汲み尽くすにたる言説になっていただろうか。

あの父親の夢に対しては、先にも述べたように、標準的な解釈がある。睡眠をほんの少し延長させようとする、よくある夢の一種だ、とする解釈である。この解釈が与えられたとたんに、父親は安心するだろう。「なんだ、そういうことだったのか」と。この安心感には大きな代償がともなう。

父親は、引き換えに、己の真実、彼がそうと自覚することなくもっていた罪悪感を捉える機会を失うことになるのだ。せっかく、抑圧されていた真実が「非難する息子」という夢の形態をとって現れ出たにもかかわらず、である。自らが覆い隠していた罪責感が、さながら地下深くに隠れていたマグマが地表の岩盤を突き破ったときのように、可視的な形象をとったにもかかわらず、である。凡庸な解釈は、むしろ、真実を隠蔽するのである。そして、真実を意識できなかったために、つまり抑圧されていた罪責感を直視できなかったために、この父親は、当然、この罪責感から解放される機会をも失うのである。したがってまた、誤った、凡庸な解釈が与える「安心感」も束の間のものに終わるだろう。その後も、彼は、罪の意識に苛まれることになるからだ。その後もずっと、死んだ息子の幽霊は、父親にとり憑くであろう。

同じ危険が、3・11という夢にも言える。この夢、この悪夢に対する中途半端で凡庸な解釈や説明は、この出来事に遭遇したときにわれわれが感じていた衝撃に対応するような真実を、むしろ覆い隠す幕のようなものになりうる。実際、3・11後に生み出されてきた言説のある部分は、あの凡庸な夢解釈のようなものではなかったか。「なんだ、そういうことに過ぎないのか」という表面的な安心を提供することで、夢の真実へと至る道を塞いではいなかったか。(2) われわれに必要なのは、幕となっている中途半端な解釈を突き破るような知的洞察である。

あの父親は、夢が示唆する真実に耐えられず、覚醒することで、現実へと逃避した。あの標準的な解釈は、この逃避を正当化する。どうせつまらない夢だったのだから、早く目が覚めた方がよいのだ、と。逆に言えば、真実と対峙するためには、彼は夢の内にとどまる必要があった。あるいは、むしろ次のように言うべきであろう。真実を覚知するためには、彼は覚醒しなくてはならないが、それは通常の覚醒――「眠りから覚める」という意味での現実への回帰――とは反対方向への覚醒でなくてはならない。夢の奥に内在し、夢そのものの暗示を超える覚醒、夢よりもいっそう深い覚醒でなくてはならない。ラカンが提起した解釈は、そのような夢よりも深い覚醒の様式である。

同じことは、3・11に関しても言える。われわれは、3・11という夢に内在し、その夢を突き抜けるような解釈を求めなくてはならない。本書の探究のねらいは、まさにそこにある。

2　いきなり結論

段階的な脱原発

3・11の原発事故を前提にしたとき、日本の原子力発電所を、どのようにすべきか。日本の原発の将来をどうすべきか。この点についての私の考えを、最初に述べておこう。本来であれば、これは、結論として最後に述べるべきことだろう。しかし、本書では、あえて、冒頭に、結論を記しておく。

日本は、全面的な脱原発を目標としなくてはならない。とはいえ、すべての原発を即刻停止して、直ちに廃炉の準備に取りかかるというやり方は、現実性に乏しい。原子炉ごとに閉鎖の年限を決定し、段階的に完全な脱原発を実現するのがよいだろう。

いくつかの点を補足しておこう。閉鎖の時期は、原子炉の古さや使われている技術等から推測される安全性を主たる基準にして、できるだけ早くに設定されるべきである。いつ閉鎖すべきかは現段階で決定し、公表しておかなくてはならない。約束した期限内の閉鎖には、強い法的な拘束力をかけるべきだ。

ここでのポイントは、停止のデッドラインが予め決定され、宣言されていなければならないということである。つまり、「いずれ閉鎖する」といった無期限、「○○の条件が満たされたら閉鎖する」といった仮定をともなう期限は許されない。とりわけ、代替的な電力の供給源を確保できたら閉鎖するという条件を、人は付けたくなるだろう。しかし、このような条件を付けたときには、閉鎖はいつまでも先送りされるに違いない。原発以外の方法で電力を供給する方法の確立が、脱原発の時期を規定するのではなく、逆に、原発の終結予定の宣言・公約こそが、代替的なエネルギーを確保するための技術開発を刺激し、急き立て、そして実際に可能にするのだ。

さらに付け加えておけば、軍事転用の可能性が最も高く、かつ桁外れの危険性をもつ核燃料サイクルに関しては、ただちに放棄されなくてはならない。もっとも、核燃料サイクルは、事実上まったく機能していないので、これを放棄したとしても、たいした影響はないはずだ。

以上の結論は、特別なものではない。反対者も無論たくさんいるが、決して孤立したアイデアではない。同意見の者も多いだろう。これは、福島原発の事故を承けて、ドイツ政府が自国の原発に関して決めたこととほぼ同じ内容である。もっとも、ドイツは、事故の前から原発の全面的な閉鎖を決めていた。ただ福島原発の事故を目撃して、閉鎖の時期を繰り上げただけである。

この決して独創的とは言えない結論に関しては、別の多くの論者が、これを支持すべき理由を述べている。ここでは、ごく簡単に、これを支持すべき直接の論拠だけを述べておこう。考慮すべき論点は、次の三つであろう。第一に、閉鎖される原発の分に相当するエネルギーはどうやって供給すべきか。第二に、経済への影響はどうなるか。第三に、地球温暖化にとって脱原発は不利ではないか。一つずつ、検討してみよう。

代替的な電源

原発によって供給されていた電力を、別の電源によって置き換えることはできるのか。この点については、国内外の脱原発の社会運動を調査してきた社会学者・長谷川公一が興味深い試算を提示している[3]。日本国内の原発による年間発電量は、だいたい原発四六基分にあたるという(原発は、定期検査などが必要なので、常にすべてが稼働しているわけではないことに注意)。この四六基分を別の電源に置き換えるシナリオとして、三つの選択肢があると長谷川は論じている。

三つの中で、最も望ましいオプション――私の目から見て望ましいだけではなく長谷川自身が推奨しているオプション――は、次のようなものである。五%の節電で、原発七基分相当が不要になる。また温室効果ガスの排出が相対的に少ない天然ガス火力の利用率を引き上げるだけで、原発二六基分の電気が得られるという。残りの一三基分を、グリーンなエネルギー[4]、すなわち太陽光発電・風力・小水力・地熱などの再生可能エネルギーによって置き換えればよい。この程度の量であれば、決して、技術的に不可能なものではない。

さらに、長谷川は簡略化のために検討してはいないが、電力市場を自由化すると、おそらく、実際に供給しなくてはならない電力の規模は、現在よりも小さくなる。[5] つまり原発四六基分も必要ないかもしれない。いずれにせよ、原発をすべて停止しても、それに相当する代替的なエネルギー源を用意することは、それほど困難ではない。

原発と経済

次に経済の問題を検討しよう。原発推進の最も重要な根拠は、原発が経済に対してポジティヴな効果をもっている、という点にある。だが、ほんとうに原発は経済にとってよいのか。言い換えれば、再生可能エネルギー等の他の電源は、原発に比して、経済にとってマイナスなのか。実は、この点に関して、専門家の意見は大きく真二つに割れている。

原発は経済にとってきわめて有利であると主張する者もいる。しかし、脱原発論者の中には、逆に、再生可能エネルギーへのシフトの方が、より大きな経済成長をもたらす、と述べる者もいて、こちらにもかなりの説得力がある。

しかし、ここでよく考えてみよう。仮に、原発が経済成長にとって有利であったとしても、そのことは、福島第一原発の事故を通じてわれわれが知ってしまった、原発の危険性を考慮した場合には、原発を積極的に採用する根拠にはなるまい。つまり、今や、経済にとっての効果は、原発を推進する根拠にはなりえない。その上、その効果すらほんとうは怪しいのである。

さらに、原発の経済的な効果という点では、しばしば、原発を立地している自治体への交付金やそこでの雇用創出効果が議論されるが、この点についても、ここで検討する必要はあるまい。原発の交付金や原発の地元経済への影響が意味をもつのは、まずは原発そのものが有用性をもつことが前提だからである。

ついでに指摘しておけば、原発交付金のような制度が、世界中どこにでもあると考えたら大間違いである。アメリカやヨーロッパにはこんな制度はない。原発を受け入れただけで、自治体に多額の交付金を出すなどということは、原発推進派でさえも、原発の価値に十分な自信をもてていない――少なくともその価値を自治体に説得できない――証拠である。

原発と温暖化

それでは、原発は二酸化炭素を排出しないので、地球温暖化対策によい、という論点についてはどうか。二酸化炭素を出さないなどという利点は、放射能の危険性に比べたら、取るにたらない。二酸化炭素か放射能かという選択において、前者を取るのは、明らかに愚かである。

大規模な事故がなければ、原発から放射能は漏れることがない、と主張する者もいるかもしれないが、それは短見である。原発は、順調に稼働したとしても、放射性廃棄物を出すのであり、われわれは、その最終的な処分法をいまだに確立していないのだ。

二酸化炭素を出さない電源が必要ならば、風力・太陽光発電等の再生可能エネルギーへのシフトが図られるべきである。原発を建設するのは、煉獄を避けて、地獄に自ら行くに等しい。

以上より、デッドラインを明示して、段階的に脱原発をめざす、という選択肢が支持されるだろう。

3　反言語としての詩のように

だが、本書で私が探究したいことは、こうした結論を直接に正当化することではない。探究の主題は、こうした結論へと至る理路を支えている前提である。どのような前提が受け入れられ、満たされたとき、こうした理路に有無を言わせぬ説得力が宿るのか。

原発の存否は、それ自体、もちろん重要な政治的・社会的な課題ではあるが、きわめて特殊な主題でもある。原発推進／脱原発といった選択を正当化する議論を支えている前提、こうした議論を可能にする台座のようなものにまで問いを進めたときに、われわれは何を得るのだろうか。「原発」という特殊な主題が普遍化されるのだ。「原発」という問題が、社会システムにとって「すべて」になる。

3・11には、あるいは原発問題には、詩的真実のようなものがある。われわれが3・11の出来事に圧倒的な衝撃を受けたのは、詩的真実の次元に触れるものが、津波にも、原発問題にもあったからである。「詩的真実」という語にはロマンティックな響きがあるので、誤解を招きかねないが、言わんとしていることは、次のようなことである。

フランスの哲学者アラン・バディウは、(広義の)政治には「存在」と「出来事」の二側面がある、と述べている[6]。バディウ独特の——と言ってもこれはハイデガーの哲学の政治への応用なのだが——この二分法を用いて説明しよう。彼の「存在 être」は、まったく特殊な用法で、「事物の管理」のことだとされる。簡単に言いきってしまえば、「存在」というのは行政のことである。固有の意味での政治が関係しているのは、「出来事 événement」の方だ。

日本には、この語の意味での政治を行っている政治家は、まったくと言ってよいほどいないので想像しにくいかもしれないが、一九世紀ドイツの宰相ビスマルクが「政治とは可能性の芸術だ」と言ったときの「政治」が「出来事」の次元に属している。「可能性の芸術」というのは、それまでは不可能だと信じられていたことを可能にすること、つまりわれわれが「これは可能であり、あれは不可能である」という判別をするときに無意識のうちに前提にしているような座標軸(枠組み)自体を変えてしまう決定をもたらすことである。「存在」は、すでに可能であると認められている座標軸の中で裁量を行うことであり、「出来事」は、その座標軸自体を転換してしまうような決断の瞬間である。「出来事」という語が使われているのは、革命のような例外状況の中に、政治がまさに政治として姿を現す典型的な場面を見ているからである。

私が、3・11には詩的真実が宿っていると述べたときの「詩的真実」とは、バディウの言う「出来事」のことである。3・11の大津波と原発事故を目の当たりにしたとき、われわれは、それまで可能だと信じていたことが不可能であり、逆に不可能だとされていたことが可能であることについての直観をもったのではないか。つまり、3・11の出来事には、可能性と不可能性とを弁別する座標軸、われわれの日常の生が当たり前のように受け入れてしまっている土台そのものを揺り動かすものがあったのだ。本書での探究の主題は、このような意味での詩的真実の方にある。

それならば、詩的真実ならぬ日常的現実、「出来事」からは区別された「存在」は関係がないのか。そうではない。ここが肝心なところである。詩的真実は日常的現実と別のところにあるのではなく、日常的現実の中に、日常的現実を通じて姿を現すのである。もっと踏み込んで言えば、「詩的真実(出来事)／日常的現実(存在)」という区別自体が、日常的現実(存在)に内在しているのだ。目下のわれわれの主題に引きつけて言えば、こうなる。原発をどうするのかとか、津波の後の都市や漁村の復興をどうすべきなのか、という具体的な判断(日常的現実)そのものを通じて、その判断の前提になっていた枠組みや座標軸を変えていくしかない。原発についての行政の大きな刷新を成し遂げたとき、これまでの政治が不可能だと思い込んでいたものが可能であったことが示される、このように詩的真実と日常的現実とは関係しているのである。

ここで、「詩」を思い浮かべるとよい。「詩的真実」という比喩がここで効いてくる。詩とは、言語を超えていく試みである。言葉では言い表すことができないことに真実を見出すのが、詩であろう。しかし、だからといって、詩は、言語とは異なるところに表現手段を見出すわけではない。詩自体が、言語である。詩と(日常の)言語という区別、言語を超えたものと言語という区別そのものが、言語に内在しているのだ。われわれが直面している状況は、これと同じである。

4 不可能な選択

暴走列車の問題

3・11が含意する詩的真実とは何か? それについては、本書の全体で示すほかない。ここでは、暗示のみをしておこう。

巧みな講義で話題になったマイケル・サンデルの『これからの「正義」の話をしよう』は、冒頭の章で、フィリッパ・フットが創った有名な倫理学的例題を紹介している。あなたが、ブレーキの壊れた暴走列車の運転手であるとする。列車の行先には、五人の労働者が、列車に気づかず作業をしており、このままでは、あなたの列車は彼らを轢き殺してしまう。ここにちょうど引き込み線があり、そちらへと回避すれば、五人を救うことができるのだが、引き込み線の先にも、一人の人がいる。このとき、あなたはどうすべきか？　そのまま直進すべきか、引き込み線へと逃げるべきか？⑦

サンデルが、この例題から始めたのは、これが倫理学的に最もタフな問題とされているからである。この例題に対しては、引き込み線への回避を支持する者の方が多い。が、たいていの人は、仮に五人を救えたとしても、一人を犠牲にすることに、ほんとうには納得できないものを感じる。

そのことは、このオリジナルな問題を、ほんの少し変形するだけで明らかになる。先と同じように、ブレーキが故障している暴走列車があり、その先には五人の労働者がいる。ただし、今度は、引き込み線はなく、あなたは運転手ではない。線路の上に陸橋があって、あなたは、そこから、列車が暴走しているらしい、ということを視認している。ちょうどそのとき、あなたのすぐ隣で太った人物が、身を乗り出すようにして、線路を眺めていたとする。この人物を線路上に突き落とせば、あなたは、列車を止めることができる。あなたはどうすべきか?

最初の例題で、五人を救うためには一人を殺すのもやむをえないと答えた人は、本来ならば、この太った人物を突き落とし、列車を止めることを支持しなくてはならない。しかし、実際には、断固として、陸橋から太った人物を突き落とすべきだ、と答える人は少ない。こうして、暴走列車の問題がいかに難問かが、わかってくる。

不可能な選択

だが、これらの例題が、最も難しい問題ではないことは明らかである。この暴走列車の問題は、解き易いように工夫がなされている。二つの選択肢の間で、犠牲者の数に明白な差があるからだ。この差を消してしまえば、問題は真に困難なものに、不可能な選択に転換する。それこそ、ウィリアム・スタイロンの小説――そしてアラン・パクラが監督し、メリル・ストリープが主演して映画にもなった――『ソフィーの選択』において、ソフィーが強いられた選択である。

ポーランド人でレジスタンスの活動家とつながりがあったソフィーは、ナチスに逮捕され、二人の子どもとともにアウシュヴィッツに送られた。彼女は、そこで、ナチの将校から選択を迫られる。二人の子どものうちのどちらか一方を選べ、というのである。選ばれなかった方の子どもはガス室に送られることになる。ソフィーが、どちらの子どもも手放すことができない、として選択を拒否すると、将校は、それならば二人ともガス室に送ることになる、と言う。ソフィーは、苦しんだ末、年長の息子の方を取り、妹の方をナチに委ねてしまう。

ソフィーはどうすべきだったのか？　これこそ、正解がない真の難問である。実際、このソフィーの状況は、倫理学の論文の中でしばしば言及されてきた。

私は、後で示すことになるだろう。3・11が露呈させた原発の問題は、ソフィーの選択と似ているということを。いや、そうではない。それは、ソフィーの選択の真逆であり、その対極にある。にもかかわらず、それは、ソフィーの選択とほとんど等価な問題へと転換を遂げる。どうして、転換するかが重要である。そこに、原発の問題の難しさがある。

ところで、ソフィーはどうなったのか？　あのソフィーは？　彼女は、下の子をナチに渡してしまったことを深く悔い、重い罪の感覚から逃れられなくなる。そのせいで、彼女の精神は、少しずつ失調してくる。実は、後の人生の中で、彼女は、同じ形式の選択の前に、もう一度、立たされる。彼女を慕う二人の恋人のうちのどちらを取るか、という選択である。彼女は、揺れ動いた後に、一方を選び、そして――その男と一緒に――自殺する。

（1）ジャック・ラカン『精神分析の四基本概念』小出浩之ほか訳、岩波書店、二〇〇〇年。
（2）加藤典洋は、最初に炉心溶融の事実を聞かされたときには震撼させられたが、やがて、内部被曝や放射性物質に関して、秘匿されていた情報が明らかになっても、だんだんと驚愕もしなくなった、ということに関して、次のように(自己)診断している。「私は、そして私たちは、たぶん、いま集団的な「防衛」反応に陥っている。余りに衝撃が大きすぎて、それに適応できず、それをいわば「なかった」ことにしようとしているのである」(『3・11――死に神に突き飛ばされる』岩波書店、二〇一一年)
（3）長谷川公一『脱原子力社会へ――電力をグリーン化する』岩波新書、二〇一一年。
（4）グリーンなエネルギーとは、環境主義的な価値からみて望ましいエネルギーのことである。そうしたエネルギーへの転換を「グリーン化する」と呼ぶ(長谷川、同右)。
（5）電力を自由化すると、電力の供給量は、現在よりずっと少なくなっても困らない。言い換えれば、現在の制度は、無駄を許容する。詳細は、以下を参照。『THINKING「O」』10号。
（6）Alain Badieu, *Logiques des monde*, Seuil, 2006.
（7）マイケル・サンデル『これからの「正義」の話をしよう――いまを生き延びるための哲学』鬼澤忍訳、早川書房、二〇一〇年。

I

倫理の不安

――9・11と3・11の教訓

1　二つの「一一日」

9・11と3・11

米軍は、9・11テロからちょうど一〇年後にあたる年に、やっとオサマ・ビン・ラディンに追いつき、彼を殺害した。ビン・ラディンは、アメリカによるアフガニスタンへの軍事介入のほとんど唯一の確実な目標だった。そのことを思えば、一〇年は、驚異的な長さである。世界で最も強い軍隊の必死の追及を、これほどの期間、かわし続けるだけの支援が、ビン・ラディンに向けられていたことを意味するからである。ビン・ラディンが唯一の標的であったということは、言い換えれば、ビン・ラディンを排除してしまえば、軍事介入は、何のためのものなのか、何を目指しているのか、あいまいなものになってしまうということである。一〇年を経てようやく、9・11の真の終わりが始まったのだ。

その一〇年目にあたる二〇一一年、9・11と同様に「11」によって特徴づけられる三月一一日に、起きた大地震によって、日本列島は未曽有の規模の津波に襲われた。東日本大震災である。続いて、この地震と津波が引き金となって東京電力の福島第一原子力発電所が、きわめて深刻な原子力事故に陥った。

この章では、9・11との関連で、3・11の意味を考察してみよう。無論、9・11のテロと3・11の震災や原発事故との間には、直接の因果関係はない。だが、多くの人が、ちょうど一〇年を隔てていること、ともに「一一日」に起きたこと、こうした偶然の合致を超えたつながりを両者の間に感じているのではないか。というより、むしろ、多くの人は、こうした偶然の符合に、明確に自覚することなく直感している、二つの「一一日」の間のつながりに託しているのではないか。9・11と3・11との間のつながりの基礎にあるのは、まずはさしあたって、客観的な因果関係ではなく、主観的な連想である。だが、主観的なつながりがあるのだとすれば、そのつながりは、ある意味では、「客観的」でもある。というのも、出来事の客観性とは、もともと、主観性に――共同主観性に――媒介されたものだからだ。即自的に存在する客観的な出来事というものはない。出来事の客観性とは、それ自体、出来事の(共同)主観的な体験の中にこそある。とすれば、9・11と3・11との間の主観的な連想にもとづく関係は、それ自体、客観性をもつ。

この章で、9・11と3・11とを並列させながら示すのは、次のことである。序章で、3・11は、とりわけ原発問題は、最も困難な倫理学的な問い「ソフィーの選択」と関連があるかもしれない、と暗示しておいた。しかし、それ以前に、3・11には、――難しかろうが易しかろうが——倫理一般の基礎を切り崩すような衝撃がある。最初に、この点を明らかにしておきたい。

9・11における二種類の悲劇

9・11テロと3・11の震災・原発事故の間につながりを見てしまう、表面的な理由は、明白である。ともに、圧倒的な破局《カタストロフィ》だからである。両者はともに、精神的な深い傷を残す、圧倒的な破局である。

テリー・イーグルトンは、破局を基準にして、現代社会の悲劇を対立的な二つの形態に分類できると論じている[1]。第一の悲劇は、息が止まるような強烈な破局、破壊的な出来事が、突然、外から侵入することである。第二の悲劇は、袋小路のような絶望的な状態が、鬱々と持続すること、つまり常態化した非常事態である。9・11テロは、前者に属する。それに対して、第二の悲劇は、たとえば、ガザ地区やヨルダン川西岸のパレスチナ人の状況である。そして、何より、米軍が介入し、旱魃や貧困によって恒常的な困難の中にあるアフガニスタンも、こちらの悲劇の中にある。前者においては、破局は——その名のごとく——一瞬に集約されている。それに対して、後者では、破局が永続化している。

二つの悲劇の関係を、次のように描くとよいだろう。第一の悲劇においては、破局は、安全で安心しうる日常という「地」の上に、突如出現した「図」である。第二の悲劇は、日常的に現前している「地」そのものが、すでに破局である。9・11に関連させれば、今しがた述べたように、ニューヨークのツインタワーの崩壊が、前者の「図」に対応し、アフガニスタンの苦難が、後者の「地」に対応している。こうした基本構図を出発点として、さらに深く考察すると、9・11が衝撃的だったのは、二つの「図／地」とが連続しているように、とりわけニューヨークの市民に、いわゆる「第一世界」の人々に、感じられたからではないだろうか。すなわち、ニューヨークの日常の上に出現した「図」としての悲劇は、第三世界の日常を支配している陰鬱な「地」としての悲劇が、さながら地下深くにあったマグマが地表に噴出するかのように、ニューヨークの日常の「地」を突き破って出現したものとして、経験されたのではないだろうか。

もともと、自爆テロは、パレスチナでは日常であった。しかし、それは第一世界の大都市からは遠く隔たった辺境で起こることであって、ここ第一世界の文化や経済の中心地ではありえない、と感じられていた。しかし、9・11テロは、「それ」が、繁栄の中心でも起こりうる、ということを教えたのである。9・11の出来事においては、ニューヨークの「図」(としての破局)は、アフガニスタン等の第三世界の「地」と一連なりのものとして感じられたのだ。

3・11における二種類の悲劇

では、3・11の出来事、3・11の悲劇はどうなるだろうか。3・11もまた、9・11と同様に、悲劇の二つの類型の間を横断しているのである。まず、地震と津波に関して言えば、これは、典型的な第一の悲劇であった。地震・津波は、別世界から突然襲来した破滅的な出来事だ。しかし、事態を複雑なものにしたのは、続いて勃発した原発事故である。

いったん起きてしまった大規模な原発事故は、明確な収束の見通しが立たないまま、持続する。さらに、福島第一原発の事故が収束したとしても、原発が残っている以上は、いつでも事故のリスクがある。このことが、福島第一原発の事故以降、自覚されるようになる。また、原発は、正常に稼働しているときでさえも、ときに数万年も危険なレベルの放射線を発し続ける放射性廃棄物――その処理の方法がまだ確立されていないような放射性廃棄物――を大量に残すことも、広く知られるようになった。さらに、仮に原発を廃炉にするとしても、放射性物質にまみれた施設を解体し、廃棄すること自体がきわめて危険であり、その作業にも何年もの時間を要する。このように考えると、原発の存在、さらに原発の残留物の存在が、すでに、それ自体、潜在的な原発事故である。つまり、原発事故という破局は――原発を一度でも建設し使用し始めてしまえば――半永久的に持続する。

原発事故は、このように、時間的に局所化できない――特定の短い時間の中の悲劇と見なすことができない——だけではない。それは、空間的にも局所化されえないのだ。というのも、福島第一原発の事故のような大規模な——INES(国際原子力事象評価尺度)で最高のレベル7と見なされるような規模の——原発事故は、原発が立地している特定の地区にとってだけの災害ではないからだ。放射性物質は、空気や海水の流れによってまき散らされるので、原発から数百キロにもわたる範囲に被害が及ぶ。被害の空間的な範囲は、ときに一つの国土、さらには一つの大陸の全体にさえもなりうる。

このような原発事故の時間的かつ空間的な拡がり(非局所性)を考慮すると、これは、イーグルトンの第二の類型の悲劇である。破局が時間的にも空間的にも一般化し、拡散したときに見出される悲劇だ。

9・11においては、二つのタイプの悲劇が、いわば表裏の関係にあり、論理的・共時的につながっていた。ニューヨークの「図」の裏側に、アフガニスタンの「地」があったからだ。それに対して、3・11では、二つのタイプの悲劇は、継起的・通時的につながっている。まず悲劇の第一類型に属する地震と津波が起き、続いて、第二類型の原発事故が起きたからである。

2 理不尽な絶滅

進化論を参照する

極端な破局、一つの共同体の、あるいは類としての人間の絶滅さえも一瞬予感させるような極端な破局は、人を倫理的な意味で不安にさせる。破局は、倫理というもののステータスに、根本的な揺さぶりをかけるのだ。9・11も3・11もそうしたレベルの破局である。破局が、どうして倫理にかかわる不安に結びついているのか。この点を明らかにするために、思い切った迂回路を通ってみよう。

迂回路とは、進化の理論、生物進化についての理論である。なぜ進化の理論が、こんなときに役に立つのか。進化論は、言うまでもなく、現代の生物学にとっては、中心的なアイデアであり、基本的な部分についてはもはや否定できない絶対的な前提になっている。生物の進化についての説明や仮説は、このように生物学に深く内在しているが、同時に、社会についての人間の自己了解を反映してもいる。社会の自己反省性 self-reflexivity が、進化論という形式で、外化されるのだ。しばしば、人間の社会のある状態、たとえば市場における企業の競争とか、国際政治における国家の外交的かけひきなどが、生物の進化の比喩で説明される。最も繁殖に有利な性質(形質)を有する生物個体が生き残るように、最も大きな利潤をあげた企業が、市場で勝ち抜く云々、と。しかし、こうした比喩がうまく成り立つのは、ほんとうは当たり前なのである。もともと、社会の現実についての経験からくる直観が、生物の関係に投影されているからである。進化論から社会への比喩は、実は、進化論をその起源にさしもどしているだけである。

念のために述べておけば、だからといって、進化論が擬人法的な隠喩であって、経験科学としての客観性や合理性をもたないというわけではない。進化論は、おそらく生物の現実を正確に反映した客観的な真理ではあるが、それが見出されるためには、認識する主体の側に、あるタイプの社会的現実についての特定の経験が必要だった、と言いたいのである。認識する主体、つまり生物学者は、意図的に人間社会からの類推を用いるわけではないが、無意識のうちに、自分の社会的な経験をフィルターとして生物を見ることになる。進化論がダーウィンによって、一九世紀の半ばに提起されたことには、だから知識社会学的な原因がある。進化論が説得力をもつようになるためには、産業資本主義の十分な発達を必要としたのである。自然淘汰の理論が、技術革新をめぐってしのぎを削る産業資本の間の競争を連想させるのは、そのためである。

絶滅のシナリオ

さて、問題は、破局の倫理的なステータスにあった。進化の理論は、この問題を考察する上で、どのように有益なのか。社会的な「破局《カタストロフィ》」の、進化の上での対応物は何かを、まずは考えてみよう。それは、絶滅、種の絶滅であろう。進化論は、一般に、生き残りを説明することに力点をおいている。生存する「適者」が備えていた条件は何か、と。しかし、四〇億年の地球の生物の歴史の中で、九九・九％の種は絶滅してきた。進化は、生き残りの歴史というより、むしろ、圧倒的な絶滅の反復である。

古生物学者のデイヴィッド・ラウプは、「絶滅」の方から進化を考えるというきわめてユニークな試みに挑戦している[2]。進化論をいわば裏側から捉えているのだ。だが、生物の歴史の大半が「生存」ではなく、「絶滅」によって占められていることを思えば、むしろ、絶滅を基準に据える方が、生物の歴史を正面から見ることだと評価することができるだろう[3]。ラウプによると、絶滅のシナリオには三つのパターンがある。「生き残り」に焦点を当ててきたこれまでの進化論の中で理論的な説明を与えられているのは、実質的には、この三つのうちの一つだけである。

第一は、ラウプが「公正なゲーム fair game」と呼んでいるシナリオである。同時に生存している他の種に比べて、あるいは後から出現してきた新しい種と比べて、繁殖戦略上で有利な遺伝子をもっていた種が生き残り、不利な遺伝子をもっていた種が絶滅するというシナリオが、これである。われわれが進化論としてイメージするのは、このシナリオであろう。そして、実際、進化論の中で、きちんとした理論的な役割を与えられているのは、このシナリオのみである。

第二のシナリオは、「弾幕の戦場 field of bullets」と呼ばれる。このシナリオでは、生物が絶滅するか生き延びるかを決定する基準は、その生物が、適応的な遺伝子や形質をもっているかどうかということとはまったく関係がない。純粋に「運が悪い」生物が絶滅するのだ。たとえば、都市に無差別的な空爆がなされたとき、爆弾にあたって死ぬ人と生き延びる人との間には、いかなる意味でも優劣の差はない。生き延びた人が、特に「適応的」だったわけではなく、ただ運がよかっただけである。生物に関しても、これと同じことが起こる。しかも頻繁に。

たとえば、恐竜を絶滅させたことでよく知られている、白亜紀末期(六五〇〇万年前)の天体(隕石)の衝突のことを考えてみよう。このときの衝突のエネルギーは、広島型の原爆の一〇億倍だった、とされている。海水は一挙に蒸発し、岩盤まで気化した。このとき、地球へと衝突してきた隕石の落下地点の近くにたまたま生存していた種ほど、絶滅した確率は高かった。これと同じようなことは、地球の歴史の中には何度も起きたらしい。地球と他の天体との衝突だけではなく、火山の噴火や大地殻変動等に際して、たまたま、過酷な場所に住んでいた運の悪い種が絶滅したのだ。

以上の二つのシナリオは、まったく対照的で、両者を弁別することは容易である。吉川浩満がわかりやすく解説しているように、絶滅(／生存)が選択的であるかどうかを見ればよいのだ。弾幕の戦場では、選択性がまったくない。無作為抽出(ランダムサンプリング)のようなもので、いくつかの生物は、理由もなく殺されるのだ。それに対して、公正なゲームでは、生物が内在させている遺伝子が環境に対して適応的であったかどうかが勝負を分ける。つまり遺伝子が繁殖戦略の上でどの程度適応性があるかということが、選択の基準を与えるのだ。

ここで、とりあえず注目しておいてよいのは、人間の社会や歴史の中の破局も、たいてい、この二つのシナリオのどちらかと類比的だということである。たとえば、国家間の戦争での敗北、市場での競争に敗れて企業が倒産してしまうこと、あるいは人生を賭けてがんばってきた受験に失敗すること、こうした社会史的・生活史的な破局は、前者の絶滅とよく似ている。しかし、われわれが「破局」として意識することが多いのは、むしろ、後者に類似したものだろう。突然の災難によって、ある人たちは生き残り、ある人たちは死亡する。3・11の津波も、同様である。津波があっても生き延びた人たちは、正しかったわけでも、優れていたわけでもなく、運がよかったのである。

理不尽な絶滅

絶滅や破局のシナリオは、この二つに尽きるように見える。何かの選択性が効いているか効いていないかは、互いに排他的であると同時に、それらを合わせれば論理的に可能なパターンは尽くされるのではないか。そのように思える。ところが、ラウプによれば、このどちらにも収めることができない、いわば二つのシナリオを横断する、第三の類型があるのだ。これが厄介である。

第三のシナリオを、ラウプは、「理不尽な絶滅 wanton extinction」と呼ぶ。これは、ランダムに絶滅したり生き延びたりという運命が分かれたわけではなく、ある種の性質を有する生物だけが生き延びる傾向があるという意味では選択性が働いているが、普通の意味で「環境に適応しているから」とは言えないようなケースである。具体例によった方がわかりやすい。

先ほども例にあげた、白亜紀の天体衝突の後、大量の塵が宇宙空間にとどまり、地球へと降り注ぐはずだった太陽光を遮ったため、「衝突の冬」と呼ばれる、地球的な規模の寒冷化がおとずれたとされている。このとき、多くの生物種が死滅したが、ケイソウ類は生き延びた。どうしてケイソウ類は、ほとんど太陽光が届かない地球で絶滅しなかったのか。ケイソウ類は、湧昇流(海洋の深いところから浅い層へと湧き上がってくる海水の流れ)とともに巻き上げられる栄養分によって生きている。この流れには、季節性があるため、ケイソウ類は、湧昇流がやってくる季節だけ生長・増殖し、湧昇流がなくなる季節には休眠する仕組みを備えていた。この休眠の能力が、日光のない「衝突の冬」をやり過ごすのに適していたのだ。ケイソウ類は、いわば、非常に長い衝突の冬の間、冬眠していたのだ。

これが、前の二つのシナリオとどう違うのか。冬眠の能力が環境に適応的だったと解釈すると、第一のシナリオに回収できるように思える。しかし、ケイソウ類の冬眠の能力は、天体衝突に備えて進化してきた性質ではない。それは、もともと、湧昇流の季節的な変動に対応して進化してきたものである。ゲームのルールが偶発的に変わってしまったのだが、たまたま、前のゲームのために発達させていた能力が、後のゲームでも役立ったのである。こういうやり方で勝利者が決まったとき、われわれは、これを「公正なゲーム」だとは感じないだろう。「ケイソウ類は適応的な性質をもっている」とは言えない。そうではなく、ルールの変更の後に遡及的に、ケイソウ類は適応的だったと見なされるのだ。

理不尽な絶滅とは、このような環境やルールの偶発的な激変によって、遡及的に適応性が決定し、生存と絶滅とを分けてしまうようなシナリオを指している。人間の社会で生起する「破局」にも、この「理不尽な絶滅」にあたるものがある。これこそ、破局がもたらす倫理的な不安の最大の源泉なのだ。9・11も3・11も、どちらもこの種の破局であった。

3　道徳的な運

進化論にとってのスキャンダル

生存競争として生物界を描き出す進化論の中で、明確なポジションをもっているのは、三つのシナリオのうち、第一のシナリオ「公正なゲーム」のみである。第二のシナリオや第三のシナリオが、進化論によって説明できないわけではないが、すわりの悪いアブノーマルなケースと見なされてしまう。それらは、生存競争という枠組みに回収されないのだ。

第二のシナリオである「弾幕の戦場」が、進化論にとって中心的な意味をもたない理由は、容易に理解できる。それは、生物学の理論にとっては興味が薄い現象だからだ。このシナリオでは、生存と絶滅は、生物に内在した性質とはまったく関係のない事情によって決定されている。落石や落雷などの偶発的な災害によって死亡したことを、倫理学的に意味づけられないのと同じである。死亡したり、生き延びたりした人に、それに値する道徳的な性質があったわけではない。

これと対照的に、第一のシナリオ「公正なゲーム」が、生物の理論の中で、中心的な役割を演じる根拠も理解しやすい。公正なゲームでは、勝利者として生き延びた種は、まさに勝利に

「値する」、勝利者にふさわしい、と見なすことができるからである。無論、生き延びた種が、倫理的に善かったり、道徳的に正しかったりするわけではない。が、それでも、このゲームにとって、それに値し、適合的なものが勝利者として生き延びた、と言うことができるだろう。

第三のシナリオである「理不尽な絶滅」が進化論を動揺させるのは、それが、進化論の基本的なアイデア、理論以前のアイデアとも言うべき基本的な世界観と矛盾するからである。このシナリオは、進化の過程で生き延びる「適合性」の中に、生物そのものには関係がない、生物にとってはまったく外在的な偶然性が孕まれていることを意味しているのだ。第一のシナリオでも、進化の原因となる突然変異は、偶然的とも言えるが、その偶然性は生物の環境適応の過程に内在しているメカニズムと見なすことができる。しかし、理不尽な絶滅においては、生物にとってまったく外的な偶然性が、適合性を規定する。たとえば、天体の衝突は、生物が長い適応の過程で進化させてきた性質とはまったく関係のない偶然の出来事である。

道徳的な運

さて、われわれにとって重要なことは、まったく同じことを、人間についての現象、つまり倫理的な現象にも見出すことができる、という事実である。たとえば、イギリスの哲学者バーナード・ウィリアムズは、「道徳的な運 moral luck」なる概念を提起している。道徳的な運とは、「理不尽な絶滅」の人間版である。すなわち、道徳的な正しさが事後的な遡及によってしか決定できないようなケースを「道徳的な運」とウィリアムズは名づけたのだ。

ウィリアムズが事例として挙げているのは、画家ポール・ゴーギャンの人生である。ゴーギャンは、妻子を捨てて、タヒチに渡った。結果として、彼がタヒチで多くの優れた絵を描き、芸術的な才能を開花させるのに成功したので、家族まで捨てて芸術に賭けた彼の行動を、われわれは称賛し、立派なものと見なす。しかし、もし、彼がタヒチで成功しなかったらどうだっただろうか。われわれは、彼を、妻も子どもも顧みなかった身勝手な人物として、道徳的に非難したに違いない。つまり、彼の行動が道徳的に善いのか悪いのかということは、その最終的な結果を見極めた後でなくては、判断できないのだ。運よく成功したかどうかが、その行動の道徳的な評価を変えてしまうのである。④

倫理の基礎に

このように、ときに倫理の核心部に、倫理とはまったく対極にあると考えられている運の要素、つまり偶有性(偶然性)が宿っている。この事実を否定しようもなくあからさまに示してしまうのが、極端な破局である。この点は、3・11の原発事故のことを考えると、非常によくわかる。原子力発電所を建設し、維持し、電気を供給してきた者は、言うまでもなく、倫理的な観点からして、正しい動機や目的を(も)もっていた。大きな電力需要を満たし、人々の生活を豊かなものにしてやろうという目的、二酸化炭素の排出量をできるだけ小さくしようといった目的を、彼らはもっていただろう。

無論、彼らは、倫理的な正しさとは無関係な動機や目的、ときには倫理的にはあまり高尚とは見なせない目的ももっていたかもしれない。たとえば、当然にも、経済的な利益は、最も重要な目的のひとつである。しかも、その経済的な利益の中には、給電に対する報酬とは異なる副産物的なもの、たとえば原発を有することから自治体が得る交付金や原発の雇用創出効果なども含まれる。

さらに、こうした経済的な利益を得るために、倫理的に間違ったこと、いかがわしいこともかなり行われていたに違いない。たとえば、電力会社は、原発で働く労働者たちを騙したり、搾取したりしていたかもしれない。あるいは、電力会社や政府は、原発の立地を受け入れる自治体の住民を始めとする国民に対して、原発の安全性を過度に——ほとんど虚偽に近い水準に至るほど過度に——印象づけていたのかもしれない。

しかし、今は、問題の哲学的な核心部を取り出したいので、あえてこうしたことについては目をつむり、原発を維持し、推進してきた者たちに、もともと「正しい動機と目的」もあった、ということを強調しておこう。にもかかわらず、福島第一原発の事故のような大規模な原子力事故が起きてしまえば、原発を建設したり、維持したりしてきたことは、間違っていたこと、正しくなかったことになるのだ。

3・11の原発事故は、「ゴーギャン」とは逆に道徳的な運が作用した例である。ゴーギャンの人生においては、画家として彼が成功したので、まかりまちがえば最悪の放蕩と見なされかねない行為が、正しい行為になった。逆に、原発事故が起きてしまうと、少しばかり正しい行為も、全面的な過ち、最悪の倫理的な悪へと転ずるのである。破局が大きなものであればあるほど、事前にあった善の部分は小さくなり、無へと漸近していくだろう。原発事故によって、放射線被曝の恐れから、何万人もの人が故郷を捨てることになったけれども、東電の人たちも善意で(も)やったのだから許してやろう、ということにはならないのだ。

したがって、倫理と偶有性との間のつながりからくる哲学的問題は、それに関連している破局が大きければ大きいほど、深刻なものになる。たとえば、破局の中の破局とも呼ぶべき、地球環境の破壊の脅威について考えてみよう。この脅威を真剣に受け止めたときには、われわれは、驚異的な努力を必要とするだろう。問題は、しかし、破局は必ずくるわけではない、ということである。破局に至らないとすれば、温暖化防止のための努力は、エキセントリックで、滑稽でさえあるものになってしまう。かといって、そうした滑稽なことをやらずに実際に破局に至ったときには、われわれがやっていたあらゆる行為は、倫理的に誤っていたことになるのだ。このジレンマについては、後でもう一度、とりあげよう。

4　リスク社会におけるリスク

リスクの二つの性質

以上は、すなわち、偶発的な破局という主題は、ドイツの社会学者ウルリヒ・ベック等が述べている「リスク社会」の特徴と関係している。簡単に言えば、このような破局が、「リスク」という形式で、その生の本性を露呈させ、意識される社会が、リスク社会である。

リスク社会のリスクには、次の二つの性質がある。第一に、危惧されているリスクは——社会にとって、あるいは個人にとって——、きわめて大きく、ほとんど致命的であるということ。第二に、その確率は非常に小さく、ときに計算不能であること。3・11を経験した者であれば、この二つの性質をよく理解することだろう。こうした性質をもっているリスクは、メルトダウンを伴うような大規模な原子力事故、生態系の大きな変化を強いるような温暖化、致命的なレベルの放射線被曝等である。

一般に、人は、将来のリスクに対しては確率（ベイズ理論）に基づいて行動する。その倫理上の対応物が、アリストテレス以来、徳の中心として尊重されてきた「中庸」である。次節で、われわれは、リスクとして意識されている破局が、倫理一般の基礎を掘り崩すということを示すが、その前哨として、まず、リスク社会では、アリストテレス的な中庸の原理が成り立たないということを指摘しておこう。

二つの性質を勘案したとき、中庸が最も無意味な選択肢になってしまうことは、容易に理解できるだろう。リスクの破壊力を考えた場合に、中途半端な――つまり中庸の――対策は、どうせ役に立たない。したがって、極端に用心深く、徹底した対策をうつか、さもなければ、逆に、何もしない方がましだということになる。そして、われわれは、後者に傾く傾向がある。それには、「理論的」な根拠があるようにすら思える。数理統計学者の竹内啓は、「小さな確率の事象は起こらない」として、次のように述べる。

> そもそも非常に小さい確率の場合、それを実際に検証することは不可能である。それは一定の仮定のもとに計算上導かれた値にすぎない。したがってそれと現実とを結びつける関係は、「小さい確率の事象は事実上起こらない」ということにほかにはないのである。[5]

「第三者の審級」の撤退

私は、規範的な判断がそこへと帰属していることの（人々の）認知によって、社会的に一般化された妥当性を獲得することになる超越的な他者を、「第三者の審級」と呼んできた。第三者の審級は、さまざまな具体的な形態をとる。その代表的な表象は、無論、「神」である。神の声は、それを認めた共同体にとって法や規範として機能する。あるいは、日本人にとって「世間」は、第三者の審級の代表的なあり方である。「世間に顔向けできない」と述べるとき、「世間」は、その人の行為や態度の正しさを判定する視点を与えている。さらに、「空気が読めない」というときの「空気」は、局所的な相互行為を暫定的に支配する第三者の審級である。

この概念を用いて、リスク社会を記述するとどうなるのか。詳しい説明は、別著(『不可能性の時代』)にあたってほしいのだが、結論的に言えば、リスク社会とは、第三者の審級が撤退してしまった社会である。あるいは、もう少しだけていねいに、次のように言い換えるべきだろう。

前項で述べたように、リスク社会にあって、人はリスクに対処する合理的な選択肢を見出すことができないにもかかわらず、それでも、何らかの行動を――あたかもそれが合理的であるかのように仮定して――選択する。たとえば、「リスクの致命的な大きさ」に対応して、非常に慎重で徹底した対策を講ずるか、あるいは「リスクは事実上は起きない」という判断に対応して、実質的な安全対策をほとんど取らないか、または――ほんとうはほとんど無意味なのに――「そこそこ」の、つまり中庸の対策でお茶を濁したりする。そのとき、人は――客観的にはすでに第三者の審級が撤退しているにもかかわらず――さながら第三者の審級がまだ存在しているかのように振る舞うのである。「中庸」とは、もともと、第三者の審級に帰属する判断、それゆえ「適切」と見なされる判断のことである。

この状況は、「あれ」に似ている。「あれ」とは、アニメ『トムとジェリー』等でしばしば見られるあれである。トムは、必死になって駆け抜けるのだが、実はすでに崖の縁を越えており、足下に地面は存在していない。大地の不在に気づいたとき、彼は突然、落下する。ということは、落下しないためには、大地の不在に気づかなければよい、ということになるのではないか。われわれがしていることは、まさにこれである。第三者の審級＝大地の不在に気づかぬふりをして、落下を何とか防ごうとしているのだ。だが、3・11のようなリスクが現れたとき、その欺瞞は暴かれる。

科学における通説の消滅

第三者の審級が撤退したこととの、「科学」の世界における重要な現れは、「通説」の消滅である。知のシステムとしての科学の特徴は、「真理の集合」ではなく、原理的には「真理の候補（仮説）の集合」だということにある。が、科学のどの分野でも、「通説」と呼ばれる「真理の候補」が、事実上は、真理の代わりになる。

その「通説」に関して、われわれは長い間、次のように想定していた。仮説は、最初は、大きく分散している。科学者ごとに異なった仮説をもっている。しかし、科学者のコミュニティにおける、時間をかけた議論によってやがて、仮説の間の分散が小さくなり、最終的には通説へと収束する。これが、一般に信じられているプロセスである。

しかし、第三者の審級が撤退している世界では、通説という知が存立しえない。通説とは、第三者の審級が有している知、真理を知っているはずの主体に帰属する知だからである。実際、3・11の出来事の後、人々は、通説の不在を深く実感していることだろう。たとえば、原発の安全性や放射性物質の危険性についての議論を見ればよい。専門家と称する人の間の見解の相違は、あまりに大きい。専門家と素人の間に見解の相違があるのではない(伝統的にはそうだったが)。専門家同士の間でこそ、意見が違うのである(付け足せば、専門家同士で、ライバルを互いに素人呼ばわりする)。専門家同士で討論することで、通説への収束の兆候が現れるかというと、まったく逆であって、討論を重ねれば重ねるほど相違が埋まり難いことだけが確認されるのだ。

これは、原子力関係の知にだけ固有の現象ではない。たとえば、二酸化炭素による地球の温暖化を例にとってみよう。二酸化炭素の排出によって地球が温暖化しつつあるということは、すでに既定の事実と見なされ、その判断が国際政治にまで影響を与えているのだが、科学者の中には、その前提の中の前提、二酸化炭素による温暖化という前提そのものに懐疑の目を向けている者がいるのである。

自然科学だけに、こうしたことが起きているわけではない。社会科学の領域では、もっとはるかに無政府的である。たとえば、景気回復策に関する経済学者の間の意見の相違を想うだけで、このことは直ちに理解されるだろう。

5　倫理の本源的な虚構性

免罪はされない

さて、第3節までの議論に立ち返ろう。われわれは、こう論じてきた。確認すれば、倫理と偶有性との間には、ときに内在的な関係がある、と。しかし、だからといって、原発を支持してきた人々が免罪されるわけではない。すなわち、原発を推進したり、支持したりしてきた人たち——ところでそれは誰なのか？　東電などの電力事業者なのか、日本政府も含むのか、さらに原発を支持し、その恩恵に与ってきた日本国民なのか、はたまた原発を基本的には容認している人類の全体なのか、そうした問題はおくとして、ともあれ原発を推進・支持してきた者たちは、運が悪かっただけなのだから許してあげよう、ということには断じてならないのだ。

そうならない理由は二つある。一つは、常識的なものである。破局、つまり原発事故は、論理的には予想できた、ということである。実践上は、この理由だけで十分かもしれないが、哲学的・理論的に興味深いのは、次に述べる第二の理由である。

ここまで、倫理的な判断が偶有性に依存する場合もある、と論じてきた。しかし、行為の倫理的な価値が偶発的な結果に――他でも十分にありえたような偶有的な帰結に――依存して決定するということは、すべての行為、すべての倫理に関して維持されるべき一般的な条件なのだ。運が悪かったケースを免罪していたら、実は、われわれは倫理一般を失うことになるのだ。この点を証明しておこう。ここでも、「破局」、われわれの誰をも襲いうる破局を考慮に入れることが、探究の助けになる。

定言命法

まず、逆の極端から考察を始めよう。帰結に依存しない倫理ということを、哲学史上最も強く主張した哲学者は、間違いなくカントである。カントの定言命法とは、そのような意味での倫理規定である。絶対的に、どんな状況のもとでも遵守されなくてはならない倫理的な命令(の言語的表現)を、カントは定言命法と呼んだ。それに違反することがどれほど都合のよい結果をもたらそうと、定言命法は守られなくてはならない。定言命法は、道徳的な運という考え方とは対極にある。行為の倫理的な価値は、結果とは独立に判断されなくてはならない、ということがカントの考えである。逆に、結果や条件に依存して効力をもつような命令を、カントは仮言命法と呼んだ。カントにとっては、定言命法が仮言命法よりも優位にたつ。

カントのアイデアは、倫理についてのわれわれの常識とも合致する。たとえば、今、嘘をつくと、私は何かとても大きな利益が得られるとする。嘘をつくことによって、大金が入ってくる等、私はとても幸せになる。そしてその嘘がばれる可能性は万に一つもない。しかし、定言命法は、他人に嘘をつくことを絶対的に禁じている。こういうときに誘惑に屈せずに、真実だけを語る人を、われわれは、立派な人物、倫理的に優れた人物と見なしてきた。

あるいは、あなたが今、拷問にかけられている。拷問者は、あなたに、あなたが友人との間で交わした大事な約束を反故にするように迫る。拷問の苦痛から逃れるためには、友人を裏切るしかない。しかし、どんなときでも約束を守るということは、定言命法である。もしあなたが、厳しい拷問に耐え、友人を裏切らなかったら、人はそれを称賛するだろう。これこそ、人間的な威厳、倫理的な崇高さの表現である。

倫理的な価値が偶有的な結果によって遡及的に決定されることがある、という事態は、このようなカントの道徳哲学への根本的な挑戦になっている。言い換えれば、「理不尽な絶滅」のような事態は、反カント的なものである。

倫理の虚構性

まず、ここで次のことに思い至るべきである。われわれが何でもない日常生活を送り、定言命法を遵守することで倫理的な威厳を保ちつつ、他方で、どんなに誘惑的な状況においても、あるいはどんなに苦しい状況にあっても、この威厳のある態度をいささかも崩すことがないだろう、と主張するとき、この主張は、純粋な虚構であり、われわれの威厳は虚構によって保護されているのである。「虚構」だという理由は、明白であろう。われわれは、実際には、そんなにとてつもない誘惑的な状況の中にもいないし、それほどの苦難の中にもいないからだ。「そうした状況下においても……」というのは、虚構的な想定である。定言命法のような倫理が機能するためには、この虚構が機能していなくてはならない。

しかし、こうした虚構の虚構性が不可避的に暴露され、虚構が維持できなくなってしまうときがある。それこそ、極端な破局の瞬間、あるいはそうした破局に立ち会い、破局を目の当りにしてしまった瞬間である。どういう意味なのか、極限のケースを用いて説明してみよう。

人間的な破局のリミットとして、ナチスのユダヤ人強制収容所で「ムーゼルマン(回教徒)」と呼ばれた人々のことを考えてみよう。ムーゼルマンとは、強制収容所の過酷な環境の中で、あらゆる気力も体力も失い、生ける屍のような状態になってしまったユダヤ人を指す隠語である。ほとんど動物的反応すらも示さず、彼らは、死んではいないが、生きているとも言えないような状態を呈する。つまり、ムーゼルマンは、死と生との中間地帯にあるのだ。イタリアの哲学者ジョルジョ・アガンベンは、ムーゼルマンを前にして、倫理的な威厳を保ったり、上品さを維持したりするとしたら、それ以上に下品で、非倫理的なことはない、と論じている。どうしてなのか、想像することはそれほど難しくはない。

たとえば、ちょっとした苦難に尻込みをしたり、ささいな誘惑に屈しそうになった人に対して、「うろたえるな」「威厳を保て」「動揺するな」と忠告し、自分自身も上品でいることは難しいことではないし、またそうした忠告や態度こそ、自分自身の倫理性の表現にもなる。しかし、同じことをムーゼルマンに対して言う、ということを想像してみるとよい。強制収容所の過酷な環境の中で、生ける屍にまでなってしまった人に対して、「私のようにしゃんとしなさい」と言ったり、「俺のように威厳を保て」ということを態度で示したとすれば、これほどおぞましいことはほかにないだろう。誰であれ、ムーゼルマンのような状態にまで追い込まれれば、威厳など保てないことは明らかだからである。ムーゼルマンの現前は、倫理の全体を停止させてしまう。言い換えれば、カントの定言命法に代表されるような倫理が維持されるためには、ムーゼルマンから目を背けるしかないことになる。

しかし、目を背けることが不可能なときがある。破局のときがそれである。破局とは、その被害者を多かれ少なかれ、ムーゼルマンに近い境位に追いやることになる出来事だからだ。9・11のときも、あるいは3・11においても、われわれはムーゼルマンに近い状態の人々を、ムーゼルマンと同一視できないまでも、そうした極限を連想させる人々を、たくさん見た。旱魃と空爆によって気力をすっかり失ってしまったアフガニスタンの人々に、「威厳を保て」と忠告することは、どこか恥知らずな印象を与える。津波によって、財産はもちろんのこと、親族をすべてさらわれ、茫然自失の状態にある人に対して、その気力の喪失を非難することはとうていできない。放射線を恐れ、逃げ出す人に対して、これを「臆病者」と笑ったり、「かっこ悪い」と軽蔑する人は、やはり反倫理的である。

破局は、倫理に関して何を教えてくれるのか。われわれが、ほんの少しでも倫理的でいられるとしたら、人間的な威厳を保てているのだとすれば、それは、われわれが運よく破局を免れたから、われわれがムーゼルマンの立場に置かれずに済んだからである。つまり、倫理は、全面的に幸運に、偶有性に依存しているのだ。偶有的な運不運に依存しない倫理というものは、完全な虚構である。破局が、倫理についての不安をもたらすのは、それが、倫理の偶然性を垣間見せるからである。破局を逃れた人たちが思い知るのは、自分たちが生き延びたことについて運がよかっただけではなく、自分たちが倫理的な生活を維持できるという点でも運がよい、ということである。

このように考えると、キリスト教徒が「恩寵」と呼んでいるものに、宗教から独立した意味を与えることができるだろう。人は恩寵(理由のない幸運)によって、倫理的な主体でいられるのである。恩寵と倫理の間には深いつながりがある。

6　報われぬ行為

憂鬱な結論

しかし、行為の倫理的な価値が、究極的には、偶発的な結果によって遡及的に決定されるという結論を受け入れるとしたら、われわれは起こりうる破局、訪れうる破局に対して、どのように立ち向かえばよいのだろうか。ここからは、たいへん憂鬱な帰結が導かれてしまうように思える。われわれには、ただ無意味な行為だけが残される、という命題を承認せざるをえないように思えるからだ。

地球の生態系の破綻にせよ、大規模な原発事故であるにせよ、極端な破局Xは、起こりうる。しかし、それは確実なことではない。確率として計算すれば、むしろ、それは非常に小さい。破局が大規模であればあるほど、確率は小さくなる。ときに、それは、「何万年に一度」というような確率、個人の歴史、共同体の歴史、さらには人類の歴史のスケールを超えるほどに長期のスパンを視野に入れないと意味をなさないような小さい確率になりうる。このような破局の脅威に対して、われわれはどのように向かいあえばよいのか。

確率が非常に低いことからXは事実上は生起しないと想定して行動すれば、実際にXが生起したときには、それまでのすべての行動の倫理的な評価が反転してしまう。これが、今回の原発事故で起きたことである。原発事故のことは、もちろん多くの人の——とりわけ事業主体である東京電力の——念頭にはあっただろうが、ほとんどの人がそれほどにひどい破綻はありえないと考えて、原発を建設し、長年稼働させてきたのだ。しかし、事故が起きてしまえば、善い動機や目的にそってなされたこと、多少の効用をもたらしてきた行動までが、すべて過ちとして、斥けられてしまう。

そうであるとすれば、どんなに確率が小さくても、Xを避けるために全力を尽くし、あらゆる予防策、可能な限り最大の防止策を講ずるのが、正しい行為であるように思える。もちろん、その通りであろう。が、しかし、ここには憂鬱な見通しが開けてくる。予防策を講じても、実際にXが起きてしまえば、予防策は無駄だったことになる。ならば、Xがいつまでも生起しなかったときには、予防のための超人的な努力は有意味で、報われたということになるのだろうか。当然そうだ、と断じたくなるが、実はそうではない。この場合にも、予防策は無意味なもの、あるいは少なくとも無意味かもしれないものになってしまうのだ。きわめて確率が低いX

が起きなかったとき、その起きない原因が、予防策にあるかどうかを決して確認できないからである。そんな予防策を取らなくても、もともとXは起きないかもしれないではないか。

人を原発の建設へと向かわせたのもこうした心理である。原発事故が起きないようにする最も確実な手段は、言うまでもなく、原発そのものを建設しないことである。そのとき原発事故が起きないのは、当たり前だ。しかし、次のような思いが出てくるのは避けがたい。原発はもともとそうとうに安全に造られているのだから、一切の原発の建設を諦めるというような極端に走らなくても、事故を起こさずに済むのではないか、と。もしかすると十分に長い時間、たとえば何万年も事故を起こさない原発が建設可能なのに、「われわれ」が極端に用心深くなって、原発を放棄してしまえば、「われわれ」だけが損をしてしまうのではないか、と。要するに、原発の建設を一切禁止するという極端な予防策は無意味ではないか、と。こうした思いが出てくれば、結局は、原発の建設に踏み切ることになる。

われわれは、原発事故以外にも多様な破局の可能性にさらされている。地球の生態系の破綻を始めとする極端な破局Xは、論理的にはありうることだ。これに対して、われわれはどのように対応すればよいのか。今述べたように、破局Xを防ぐための行為は、すべて無意味なものとして体験されてしまう。破局が到来してもしなくてもそうなるのだ。無意味な行為へと人を駆り立てることはできない。実際、原発事故を防ぐこと――原発の建設を阻止すること――はできなかった。このとき、どうしたらよいのか。

この問いを、後の章で考察することになる。この章の中で回答には至りえない。しかし、後論のための伏線として、ヒントとなる二つの事実をとりあげておこう。

終わらない戦争

教訓となる、二つの――対照的な――事実を検討してみよう。一つは、アメリカ(を中心とする有志連合なる諸国家の連合体)が、二〇〇三年にイラクに対して仕掛けた戦争である。このイラク戦争は、9・11以降の一〇年間の国際政治の中で――とりわけ9・11と何らかのつながりのある出来事の中で――最も重要な事件だった。9・11テロがなければ、イラク戦争もなかっただろう。アメリカは、テロへの恐怖から戦争を開始したからである。

イラク戦争は、破局に対する、ある特徴的な態度を前提にして踏み切られている。この場合、破局とは、9・11を超えるようなテロや戦争である。アメリカの指導者は、このとき、「先制防衛」という未曾有のアイデアを案出し、これを前提にして、イラクに侵攻したのだ。先制防衛とは、先制攻撃をそれ自体で防衛として解釈するという考え方である。防衛とは、攻撃されたことに対する防衛なのだから、先制攻撃がそのまま防衛でもあるという解釈は、本来なら矛盾したものである。そこで、アメリカは、未だ攻撃される前に、潜在的な敵はもう攻撃してきた、と解釈したのだ。アメリカによって、イラクは脅威であるかもしれないという段階において、すでに敵と見なされたのだ。これは、破局X(戦争)が起きる前に、「もう始まっている」と解釈することを意味する。ここで特徴的なことは、偶有性の抹消、偶有性の否定である。「イラクは脅威かもしれない」という偶有性を拒否して、「イラクは脅威である」と確定的に見なしてしまうことなのだから。

しかし、こうしたアイデアは、本末転倒とも見なすべき逆説をもたらした。破局Xはすでに始まっている。しかし、それはいつまでも終わらなくなってしまうのである。どんなひどいことがあっても、どこまでいっても、それらはまだほんもののXではない、Xが完結したときにはもっとひどいはずだ、という強迫的な観念が消えなくなるのである。こうして、「テロへの戦争」は終わりのない戦争になってしまう。破局Xに関して、それがすでに開始されたという前提をとったがために、今度は終わらなくなってしまったのだ。

もともと、戦争はXを防ぐために始められた。しかし、Xに怯えながら、夢中になって戦い続けること、それこそが、考えてみれば破局的な事態ではないだろうか。Xを防ぐことが、Xそのものへと転化してしまったのだ。イーグルトンの現代的な悲劇の二類型を用いれば、次のように言うことができる。最初は、「図」としての悲劇を防ごうとしていたのだが、そのことによって、悲劇が「地」化してしまったのだ、と。

信と知の乖離

もう一つの教訓とすべき事実、それは、まさにわれわれが今経験していること、つまり3・11の出来事である。今、われわれが学びつつあることの意義は、イラク戦争の「先制防衛」のアイデアと対照させることによって、明晰に把握しうるものになる。どういうことか。

振り返ってみれば、われわれは、3・11に起きたような破局、すなわち高さ二〇メートルを超える大津波とか、原発の爆発や炉心溶融といった破局は、論理的には起こりうることを、3・11の前から知ってはいた。それらが、論理的にはありうること——不可能なことではないこと——を知ってはいた。しかし、同時に、われわれのほとんどは、実際にはそんなことがあるはずはない、と思っていたのだ。破局Xは、論理的には可能だが、現実的《アクチュアル》ではない、と考えられていたのである。こうした心理の状態は、信と知との乖離として概念化することができる。われわれは、Xがありうることを知ってはいた。しかし、その可能性を信じてはいなかったのである。

信と知の乖離の原因は、第4節で述べたこと、すなわち第三者の審級の撤退にある。第三者の審級によって裏打ちされ、保証されると、知は信になる。そうでないとき、「知ってはいながら、信じてはいない」という心的態度が構成される。

だが、3・11の破局Xが起きてしまうと、事態はまったく異なって見えてくる。出来事Xの様相が別様なものになるのだ。われわれは、Xが、論理的に可能なだけではなく、現実的《アクチュアル》であることを納得する。それだけではない。もっと重要なことは、こうなったとたんに、過去そのものの見え方も変わってしまうのだ。出来事の前には、Xは現実的ではなかった(事実上は起こりえないことと体験されていた)。しかし、出来事が起きた後には、Xは、もともと、十分に現実的だったこととして、つまりいつ起きても不思議がなかったこととして存在していたと見なされるようになるのである。過去の中に、もともとなかった現実的な可能性が挿入されるのである。

これには、さらなるひねりの体験が伴う。この点については、しかし、第Ⅲ章で論ずることにしよう。その方がわかりやすいはずだ。

＊

以上の二つの事実を念頭において、考察をさらに前に進めよう。この章でわれわれが論じたことを、もう一度確認しておく。倫理の基底には、本来倫理にとってはまったく外的なこと、すなわち偶有性(偶然性)がある。このとき、倫理的な行為、有意味な行為が、一般的に失われてしまうように思われる。行為の意味の、こうした消滅に、われわれはどのように対抗したらよいのか。

だが、この問いに答える前に、論じておくべき主題がある。３・11の出来事を、日本の現代史の中に――戦後史の中に――位置づけること、これが次章の主題である。

（１）Terry Eagleton, *Sweet Violence*, Oxford: Blackwell, 2003.

（２）David Raup, *Extinction: Bad Genes or Bad Luck*, W. W. Norton & Company, 2002.

（３）以下、ラウプの論の理解や評価に関して、私は全面的に吉川浩満に負っている。以下を参照。吉川浩満「理不尽な進化」『朝日出版社第二編集部ブログ』(http://asahi2nd.blogspot.com/)。無論、誤解や曲解があれば、その責任はすべて私にある。

（４）Bernard Williams, *Moral Luck*, Cambridge, UK: Cambridge University Press, 1981.

（５）竹内啓『偶然とは何か』岩波書店、二〇一〇年。

II　原子力という神

1　一九九五年の反復としての二〇一一年

二〇一一年三月一一日の東日本大震災が発生した直後に、その一六年前の大地震を想起した日本人は多かっただろう。一六年前の大地震とは、もちろん、一九九五年一月一七日の阪神・淡路大震災のことである。実際、東日本大震災の後に、これを阪神・淡路大震災と比較する多くの報道がなされた。東日本大震災の広域性や死者・行方不明者の多さ等を示すための基準として、阪神・淡路大震災が引照されたのである。言い換えれば、多くの日本人は、東日本大震災を阪神・淡路大震災の拡大された反復のように受け取ったのだ。

ところで、一九九五年には、震災から二か月ほどしか経過していないときに、もう一つの大きな事件が勃発した。もう一つの事件とは、言うまでもあるまい。三月二〇日にオウム真理教によって引き起こされたテロ、地下鉄サリン事件である。以降、九五年の一年間、マスコミは、そして日本人は、オウム教団を夢中になって追及した。震災とオウム事件は、無論、独立の出来事だが、当時の日本人の多くが、おそらく、無意識のうちに両者を連合させ、あたかも一連なりの事象のように感覚したに違いない。

さて、東日本大震災の直後には、実際に、これと直接に連なるかたちでもう一つの事故が起きた。東京電力福島第一原子力発電所の事故である。震災と原発事故との繋がりは——阪神・淡路大震災とオウム事件との関係とは異なり——、主観的な連想に基づくものではなく、客観的なものだった。原発事故は、地震と津波に起因しているからである。

この福島第一原発の事故は、九五年の出来事を知る者には、オウム真理教事件を彷彿とさせるものがないだろうか。たとえば、原子炉等を収めている、窓のない直方体の建屋。原発の建屋は、オウム真理教の教団施設、彼らが「サティアン」と呼んでいた建物とよく似ている。オウムの建築物は——森川嘉一郎[1]が指摘しているように——ほとんど窓のない閉鎖された空間であることに顕著な特徴がある。原発の建屋の中を走る配管もまた、サティアンの内部と似ている。サリン等を製造していた(一部の)サティアンの中は、化学プラントのような配管が走っていたからである。

福島県浜通りという過疎地に林立する原発関連の建造物は、山梨県上九一色村のような辺地にあった、オウムの出家信者のコミュニティを想起させる。原発の作業員の全身を覆っている防護服は、オウムの出家信者たちが宗教服として纏っていた「クルタ」と似ていなくもない。さらに、事故の後、東京電力の広報や経済産業省の原子力安全・保安院が、連日——というより一日の内でも何度も——行った記者会見は、オウム事件の頃、オウムの広報やリーダーたちが、繰り返し行っていた、反論のための会見を思い起こさせずにはいられない。

原発事故の恐怖は、放射線やそれを発する放射性物質への恐怖である。オウムへの恐怖は、究極的には、毒ガス・サリンへの恐怖に集約される。二つの恐怖のあり方は、よく似ている。放射線や放射性物質が恐ろしいのは、人間の生体はそれらをまったく感知しないのに、生体に深く侵入し、ＤＮＡに致命的なダメージを与えるからである。サリンも、これと似ている。純粋なサリンは、無色・無臭の気体であり、人間はそれを感知することはないが、吸い込んだとたんに死に到る。九五年当時、オウムの教団施設の近辺で、しばしば「異臭騒動」があったが、異臭は、本来は知覚できないものを何とか知覚しようとする敏感さの産物である。その「異臭」の代わりに、現在は、線量計等の機器によって検出された、「毎時ｘマイクロシーベルト」「ｙベクレル」等の放射線に関する測定値が公表される。

オウム真理教団は、マイナーで異端的なセクトだった。しかし、これを日本の最大規模の企業(東京電力)とそれを支援する政府に置き換えれば、オウム事件は、そのまま現在の原発事故に変換するようにさえ見える。

さらに、次のようなことも想像してしまう。オウムの教祖・麻原彰晃は、周知のように、世界最終戦争(ハルマゲドン)を予言していた。世紀転換期に、そのような破局が訪れるのだ、と。彼らのテロは、そもそも、その最終戦争の一環でさえあっただろう。しかし、人々は、そのような破局はまったくやってきてはいない、とこの予言を嘲笑した。これに対して、一部の報道によれば、麻原は、九五年一一月のイツハク・ラビン・イスラエル首相の暗殺を指して、ハルマゲドンの一部だと反論し、人々のさらなる失笑を買った。中東和平にとってラビン暗殺は大きな出来事ではあるが、遠く日本にいる者にとっては、世界そのものの破局に結びつくような大事件には思えなかったからである。

しかし、もし麻原が、現在でも健康であったならば、二〇一一年の大震災と原発事故を指して、これこそ自分が予言していた、終末へと至る破局だと語ったのではないか。いくぶんか予想より遅れたが、やはり破局はやってきた、と言ったのではないか。そのときには、日本人は、ただ笑ってこれを退けることはできなかったのではないか。それが「予言の的中」と見なすべきだとは思わないだろうが、しかし、震災と原発事故が終末への予兆を孕んだ破局的な出来事であることを、多くの日本人は認めざるをえないだろう。

こうしてみると、二〇一一年の「東日本大震災／原発事故」は、一九九五年の「阪神・淡路大震災／オウム事件」の反復である。ヘーゲルやマルクスは、本質的な出来事は、二度(以上)反復される、と述べている。彼らの言明は、歴史の中には、たまたま似たような出来事がよく起きる、ということを意味しているわけではない。本質的な出来事が反復されることには、言ってみれば、哲学的な必然性がある。反復されることで初めて、出来事は、その歴史的な意味を成就するのである。

阪神・淡路大震災／オウム事件は、何かの終わりだった。しかし、「それ」は終わらなかった。一九九五年の出来事は、終わりの過程の始まりでしかなかった。おそらく、東日本大震災と原発事故は、その終わり始めたものをほんとうに終わらせる出来事である。一九九五年のあのとき終わろうとしていたのに終わらなかったものを真に終わらせようとしているのが、二〇一一年三月一一日に端を発した震災と原発事故ではないだろうか。

前章では、3・11を9・11と並列させながら、そこに含意されている倫理学的な困難を抽出した。この章では、二〇一一と一九九五との類比関係に注目しつつ、二〇一一年三月一一日を、日本の戦後精神史の中で位置づけてみよう。まずは、一九九五年の出来事と二〇一一年の出来事との間の類比、ここまで見てきたような現象面での類似ではなく、その現象を成り立たせている構造上の類比を明らかにしておく必要がある。

2　人間の崇高性と不気味さ

人間の崇高性と友愛のコミューン

東日本大震災が起きたとき、若干なりとも哲学史の知識をもっている者はたいてい、カントの有名な議論、「美」を超える「崇高」についてのカントの有名な議論を思い起こしたに違いない。カントは、「崇高」を、人間の道徳法則の峻厳さの中に見ているのだが、その崇高の次元を照らし出すために、暴力的な自然災害を準拠にしているのだ。

カントによれば、最も破壊的な自然災害、たとえば火山の噴火のような災害も、道徳法則の厳しさに比べれば、無に等しいものである。この議論において、自然災害は、それ自体としては、十分に激しく、破壊的であることがまずは前提である。その破壊的な自然災害すらも凌駕するものとして、人間の超越性の根拠となるような道徳法則の厳格さが提示されている。カントがこのように論ずるとき、彼の念頭には、ある震災が——一七五五年のリスボン大震災が——あったことは間違いない。当時のリスボンの人口の四分の一から三分の一が失われたと言われているこの震災に、カントは非常な衝撃を受け、『視霊者の夢』や「地震論」などを書いている。カントは、この衝撃をもたらす自然の暴力の否定を介して、人間に固有の次元を規定したのである。

東日本大震災に関して、であれば、カントのこの議論は、そのまま当てはまっただろう。確かに、東日本大震災は未曽有の大惨事であり、一万五〇〇〇人を超えるかけがえのない命が失われ、これに行方不明者を加えた数は二万人に迫っている。しかし、同時に、震災は、その悲劇に拮抗しうる人間の偉大さをも開示した。震災の被災者を救出するために形成された「友愛のコミューン」は、自然災害を超える人間の偉大さの表現ではないか。

しばしば、法や権力が機能しない状態では、人間の集合には、互いが互いに対して狼になるような相克的な状況が出現すると言われている。ホッブズの言うところの自然状態である。しかし、レベッカ・ソルニットは、二〇世紀のいくつもの大規模な自然災害の後に――つまり法や権力が実際に機能停止した状況で――何が起きたのかを詳細に調査することによって、こうした通念がまったく成り立たないこと、むしろ通念の否定にこそ真実があることを実証してみせた。大災害の後の無法地帯に出現するのは、利己的な個人の間の葛藤――殺人や強盗をも辞さないような葛藤――ではなく、むしろ、普段にはとうてい見ることができない驚異的な利他性に支配された相互扶助的な共同性である。[2] 私は、そのようにして形成された共同性を「友愛のコミューン」と呼んでみたい。

東日本大震災に対しても、友愛のコミューンが出現した。まず、直接の被災者たち自身が、互いに命がけで助け合った。さらに、自衛隊、消防、警察、役場の職員等の、救済に対して職業的な使命を有する者たちも、実に献身的に活動した。現在でもその献身的な活動は終わってはいない。これに、国内外からの連帯の呼びかけと行動が加わる。そうした行動の最も顕著な形態は、言うまでもなく、国内外から救援のために参集した、多数のボランティアの活動である。もう少し消極的なものとしては、救援物資や寄付金の贈与による、間接的な救済の活動もある。これらすべてが、大震災の被災者の救出を目的として連帯した、大規模な友愛のコミューンであったと言ってよいだろう。

この友愛のコミューンが、どのくらいの深さや強度をもつものなのか？　それは、どこまでの拡がりがあるのか――完全にグローバルなものにまで拡張しうるものなのか？　それは、いつまで持続するものなのか――災害直後の一時的なものなのか、その後の社会の変化をもたらすほどの持続性があるのか？　こうした問いはいずれも興味深い。しかし、これらの点については、ここでは深く探究しない。ただ、東日本大震災において出現した友愛のコミューンが、グローバルで普遍的な連帯の可能性について、あるいは全体社会の永続的な改変をもたらしうる可能性について、われわれに希望をもたらしたことは確かである。こうして、われわれは、東日本大震災を媒介にして、自然災害の暴力性を超える、人間の崇高な偉大さを実感することができるのだ。

ショック・ドクトリン

ただし、ナオミ・クライン③が言う「ショック・ドクトリン」のことを考えると、こうした認定には、重要な留保がつく。ショック・ドクトリンというのは、たとえば次のような現象である。二〇〇四年一二月に、スマトラ沖で大地震が発生したとき、スリランカは大津波に襲われ、およそ三万五〇〇〇人が亡くなり、一〇〇万人近くが避難を余儀なくされた。犠牲者の八割が、零細漁民であった。このとき、大規模な避難で沿岸部に空地が出現したのを奇貨とし、大資本――とりわけ外資――は、富裕層向けのリゾート地の開発を一挙に推し進めた。この地は、かねてから観光地に適していると目をつけられていたのだが、あまりにも多くの漁民が暮らし、土地の所有関係が錯綜しており、政府も大資本も開発に着手できなかったのである。しかし、大津波をきっかけとして、「復興」という形式をとって、大資本は利益を追求することができた。こうしたやり方は、「惨事便乗型資本主義」と呼ばれることもある。

この現象のポイントは次の点にある。大惨事の直後には、それ以前からあった権力関係が純化され、極端に強化される傾向がある。権力関係の下層にいるような「弱者」ほど、大きなダメージを受けているからである。ここに、より大きな権力を有する者――政治的・経済的な力をもつ階級や資本や政府等――は、かねてから有していた欲望、利己的と言えば利己的な野心を満たす絶好のチャンスを見出すことになる。これが、ショック・ドクトリンである。おそらく、東日本大震災の後にもこうした現象は見られた――あるいはこれから見られる――であろう。

したがって、次のように整理することができる。災害の最中という究極の例外状況においては、一般の通念とは異なり、人間の日常的な利己性は停止し、思いもよらないような利他的なふるまいが見出される（友愛のコミューン）。だが、そうした究極の例外状況が終わったすぐ後、つまり大災害の直後には、逆に、日常の利己性は強化され、純粋状態で発揮される（ショック・ドクトリン）。

ショック・ドクトリンのことを考慮に入れれば、自然災害を超える人間の道徳的な偉大さを手放しで称賛するわけにはいかない。とはいえ、破局が、日常生活においてはとうてい見出しえなかった人間の可能性、つまり人間の倫理的な崇高性を現出させたことの意義は、なお大きいと言うべきではないだろうか。ショック・ドクトリンは、友愛のコミューンの価値を否定するものではない。

不気味なテクノロジー

しかしながら、震災の直後から続いている原発事故へと眼を転じたとたんに、こうした判断をそのまま維持することは、不可能になる。福島第一原発の事故は、いまだに完全な収束の見通しがたってはいない。さらに何より、この事故を起点として、今後のエネルギー政策、エネルギー供給をどのようにすべきか、どうすることが望ましいかということについての合意は、形成されてはいない。今後も起こりうるこのような事故が、どのようにして克服されうるのか、ということについてのいかなる積極的な展望も、少なくとも民主的な合意に支えられたかたちでは現れていない。簡単に言えば、震災にとっての「友愛のコミューン」のような、いかなる希望も、原発事故との関係では出現していないのだ。

原子力発電所は、地震のような自然災害とは異なり、人間の作為の産物である。さらに、現代社会においては、われわれのほとんどすべての活動が電気を前提にしていることを考慮すると、電力供給のためのテクノロジーとして何を採用するかということは、社会設計の根幹である。とすれば、原発事故の回復不能な惨状は、ハイデガーの論を連想させる。

あるところで、ハイデガーは、次のように論じている。(4) 最も不気味なもの、それは、人間そのものである、と。故郷喪失をも意味する「不気味な unheimlich」という形容詞は、ハイデガーにとっては最も強い否定を意味している。興味深いのは、人間の不気味さを示すのに、ハイデガーは、カントに倣って自然災害を基準としている点である。自然や宇宙における暴力的なカタストロフィも不気味だが、人間という不気味さに比べれば、無に等しい、と。

なぜ、人間が不気味なのか？　それには、哲学的な理由がある。ハイデガーによれば、不気味さの原因は存在忘却にある。すなわち、人間が、存在者と存在の間の存在論的な差異を忘却していること、存在忘却の中にあるということ、そのために人間にとって故郷 das Heimis-chce が空虚なものになってしまっていること、こうした事態が不気味だというのだ。このように解説すると、ハイデガーの議論は高度に抽象的・思弁的で、人間の実践や社会的現実からは遊離したものに思われるかもしれない。しかし、ハイデガーが、存在忘却を見出す典型的な場面は、現代社会におけるテクノロジーの過剰な発達である。とすれば、原子力発電所に、ハイデガーが論じた意味での人間の不気味さの現れを見ることは、まことに当を得ている。

したがって、カントの議論は震災・津波に、ハイデガーの議論は原発事故に、それぞれ対応させて読むことができる。カントの場合は、自然災害に、プラスの側面を見ている。というのも、自然災害は、それへの否定を媒介にして、人間の本質を規定するような道徳法則の超越性を開示するのに不可欠だからである。それに対して、ハイデガーの議論は、もっと単純でストレートである。こちらでは、自然のカタストロフィの延長上に――否定を介さずに――、人間の人間たるゆえんを無化してしまうような存在論的なカタストロフィが見出される構成になっているからである。したがって、ハイデガーの議論に立脚した場合には、自然を超える「超越的なもの」は、失われていることになる。

オウムとカントとハイデガー

両者との関係で、オウム真理教を位置づけたらどうなるだろうか？　ハルマゲドンについての彼らの幻想がよく示しているように、オウムもまた、カタストロフィと相関させつつ、超越性を定礎しようとしていたからである。カントやハイデガーの議論において基準を与えたカタストロフィが自然災害で、オウムにとって重要なカタストロフィは人為的な最終戦争だという違いは、二つの意味で、さして重要ではない。第一に、カントやハイデガーにとっても、重要なのは、自然災害を超える人間の水準であった。第二に、オウムにとっては、阪神・淡路大震災こそが、ハルマゲドンの開始を告げる出来事だったのであり——彼ら(の一部)は震災を「地震兵器」による攻撃の結果であるとの妄想をもっていた——、その意味で自然災害と人為的な戦争との間の区別は相対的である。

オウムにとっては、世界そのものを破壊するような否定の力が帰属する場所こそが、超越的なものであり、それを通じて、彼らが目指すべき理想の状態が定義される。麻原彰晃が、ヒンドゥー教の神々の中で、シヴァ神を最も重視したのは、そのためである。ヒンドゥーの主要三神の中で、シヴァ神に帰属する作用は、「破壊」である(それに対して、創造がブラフマー、維持がヴィシュヌに帰属する)。ただし、オウムにとっての「理想」は、必然的にカントの道徳法則の対極にある。というのも、それは、もっぱら世界を否定する超越性との関連で定義されており、それゆえ、あらゆる規範、あらゆる道徳から解放された解脱の境地として解釈されているからである。

とするならば、オウムは、カント(震災)とハイデガー(原発)のちょうど中間に位置していると見なすことができるのではないか。カタストロフィとの相関で、神のごとき超越性が定義されている点では、オウムとカントは連続している。しかし、それは、いかなる規範的な内容ももたないことを思えば、ハイデガーの存在忘却に類似している。

3　原子力という神

ユートピアへの鍵

端的に言えば、二〇世紀中盤の無意識の社会心理の中で、原子力は神であった。原子力は、幸福や繁栄の全般をやがてもたらすはずの救世主と感じられていた。あるいは、こんなふうに言ってもよいかもしれない。原子力は、もうすぐ近くまでやってきている神の国――つまり究極のユートピア――へと入るための鍵であった、と。第Ⅳ章で、われわれは、原発事故を、イエス・キリストのものとされている最も重要なメッセージ――しかし実際には洗礼者ヨハネに帰せられるべきメッセージ――「神の国は近づいた」との関係で考察することになる。「神の国は近づいた」という、この福音こそが、原子力とともに告知されていたのである。

日本人にとってそうであっただけではない。アメリカ人にとっても、さらにおそらくは「原子力」についてのおおよその科学的な知識が普及しえたいわゆる「先進国」のすべてにとって、――二〇世紀の中頃から後半にさしかかる時期にあっては――原子力は、神のごとき輝きを放っており、ユートピアへの万能の鍵のように感じられていたのだ。まずは、第二次世界大戦後の日本に関して、この点を確認しておこう。

「ウラン爺」と呼ばれた男

さて、今ではほとんど忘れられているエピソードを掘り起こすことから始めよう。一九五〇年代の後半、「ウラン爺」と呼ばれ、日本人全員の羨望の的となった人物がいた。[5] その男の本名は東善作である。一八九三年の生まれで——つまり明治の後半、日清戦争の直前の生まれで——、岡山の関西中学では、後の経団連会長・土光敏夫と同窓生だったという。自分自身相当な変人である土光が「同期一の変わり種」と回想しているくらいだから、東は、かなり個性的な人物だったのだろう。東がウラン爺として注目を集めたのは、彼が六〇代前半の年齢に達していたときだったことになる。

一九五四年三月一日に、ビキニ環礁で操業中だった第五福竜丸の乗組員が、そこから一五〇キロメートルほど離れたところで行われたアメリカの水爆実験によって被曝した。船員の二三名が放射線症と診断され、一人が死亡した。よく知られているように、これによって、日本では、反核運動が非常な高まりを見せた。たとえば、放射性物質が残留しているのではないかとの危惧から魚肉の消費量が落ち込み、「放射能マグロ」とされたマグロが大量に廃棄されたりした。

だが、この事件があった一九五〇年代は、奇妙なことに、まったく反対の動きもピークに達している。この時期は、空前の原子力(平和利用)ブームでもあったのだ。中曽根康弘が中心になって、原子力平和利用のための予算案が国会に提出されたのは、偶然にも、ビキニ環礁で福竜丸が被曝した二日後だった。前年、アイゼンハワー米大統領が、「原子力を平和目的に利用すべきである」と国連で演説し、核エネルギーに関する技術の公開に踏み切っていたのだ。

第五福竜丸事件があったからといって、原子力平和利用の気運に水がさされるようなことは、まったくなかった。事実は逆だったのである。正力松太郎が率いる読売新聞が中心になって、原子力平和利用を推進する大キャンペーンが展開され、それは大成功を収めたのだ⑥。キャンペーンの中心は、一九五五年五月にアメリカから原子力平和使節団を招待して行われた講演会と、同年一〇月に日比谷公園を会場にして開催された——さらに全国に巡回させられもした——原子力平和利用博覧会である。これらのキャンペーンは、成功し、当時の日本人の心をしっかりと摑み、人々を熱狂させた。

日本人が原子力平和利用にいかに魅了されたかということは、原子力に対して批判的な立場を取っているつもりの大江健三郎のような人物でさえも、次のように述べていることからも、明らかである。

核開発は必要だということについてぼくはまったく賛成です。このエネルギー源を人類の生命の新しい要素にくわえることについて反対したいとは決して思わない。しかし、核開発を現にわが国で推進しようという人間は、核兵器の殺戮にかかわる側面、核兵器としての人類の死にかかわる側面を否定している人間でなければならない。[7]

この大江の発言において注目すべきことは、前半の方、核開発の必要性に関して「ぼくはまったく賛成です」と述べている点である。彼もまた、「平和利用」の熱狂の中に入っていたのだ。

こうした中で、国内のウラン鉱山探しが、大流行した。政府レベルでも、第五福竜丸事件とほぼ同時に、原子炉築造予算二億三五〇〇万円に加えてウラン鉱山調査費一五〇〇万円が計上されていた。ウラン鉱山探しの先頭に立っていた民間人が、ウラン爺・東善作であった。彼は、当時ただ一人、アメリカから最新型のガイガーカウンターまで取り寄せて、全国を行脚し、その様子はマスコミでも報道され、非常に有名だった。[8] 東は、最終的には、通産省地質調査室のジープを密かに追跡する等の奇策を弄して、人形峠のウラン採掘権を獲得する。この採掘権をもつ東の会社と、原子燃料公社[9]との間の契約が成立したのが、一九五七年一〇月である。これで、公社がウランを掘れば掘るほど、ただ待っているだけの東の手元に富が蓄積される仕組みが成立した。

このようにして東には、日本中から羨望が集まった。東自身も、独特の仕方で、原子力や放射能の魅力を演出した。たとえば、彼は、「健康にいい」と宣伝してウラン鉱が入った風呂につかり、「野菜がよく育つ」としてウラン鉱入りの肥料で育てた野菜を常食していた。今日のわれわれから見れば、驚くべき暴挙だが、武田徹がいくつもの事例を提示しながら述べているところによれば、一九五〇年代後半当時では、これらは東善作一人の暴走ではなかった。たとえば、人形峠では、土産物として、「ウラン饅頭」やウラン粉末入りの陶器「ウラン焼き」等が売られていたという。

理想の時代の理想性

人形峠の周辺だけではない。たとえば苗木(岐阜県中津川市)のウラン鉱山の採掘権を所有していた、「日々美子」というおめでたい名前の女性は、「放射能酒」という酒を売って有名だったという。彼女は、ほかにラジウム入り護符や温泉用ラジウム鉱砂なども販売した。日々美子が放射能の魅力を自覚したきっかけは、離婚の理由となった結核が、ラジウム砂入りの風呂に入浴したことで治ったことにあるらしい。

こうした例をいくらでも増やすことができる。が、ここで確認しておきたいポイントは一つだけである。それは、二〇世紀の中盤には、原子力や放射能が、富や健康などのあらゆる幸福を一般的にもたらす救世主のようなものになりうると感じられていた、という事実だ。

私は、見田宗介の図式を若干整理しながら継承し、日本の戦後史が三つの段階を経てきた、と論じてきた。段階を分ける基準は、支配的な「反現実」のモードは何か、にある。現実 reality は、意味の秩序である。それが、まさに統合された秩序であるためには、さまざまな意味の断片がそれとの関係において自分自身を位置づけることができるような準拠点が必要である。その準拠点は、現実の総体に対して反現実として対峙し、関係する。だが、「現実」という語には、さまざまな反対語があることからも明らかなように、反現実のモードは一つではない。どの反現実のモードが、その時代において中心的な機能を果たしていたかを基準にすると、日本の戦後史は、「理想の時代→虚構の時代→不可能性の時代」と転換してきたというのが、私の考えである[10]。

各時代は、およそ四半世紀である。最初の理想の時代は、敗戦した一九四五年から始まり、一九七〇年頃まで続く。その頂点は、六〇年安保の闘争があった一九六〇年である。虚構の時代は、一九七〇年前後から始まり、一九九五年まで続く。そして、九五年以降、現在も継続しているのが、不可能性の時代である。オウム真理教が地下鉄サリン事件を起こしたのは、九五年であり、オウムこそは、虚構の時代から不可能性の時代への越境を象徴している[11]。

とりあえず、この節で重要なのは、理想の時代だ。理想の時代とは、個人の人生にとって何が理想のあり方であり幸福なのか、また社会にとって何が善く、理想の状態なのか、これらに関して社会的な合意があり、かつそうした理想への到達可能性に関する確信もまた共有されていた時代である。ここで提起しておきたい論点は、原子力こそが、理想の時代の「理想」のすべてが託された媒体だった、ということである。少なくとも、理想の時代の黄金期とも呼ぶべき、五〇年代から六〇年代の時期にかけて、原子力は「理想」の結晶であった。

この時代がすでに終わっていることを印象づけるために、私は、わざと「ウラン爺」などという今では忘れられている事例から入ったが、理想の時代における原子力の価値を証明するはるかによく知られている事例がある。言うまでもなく、手塚治虫の漫画『鉄腕アトム』である。日本人にとって、手塚は「漫画家の中の漫画家」であり、手塚作品の中でも、『アトム』は最も広く知られ、愛されている作品だろう。

手塚治虫が自分の作品に「アトム」という名前を最初に登場させたのは、一九五一年四月である。アトム・シリーズの中で、アトムが「死んだ」のは、一九六六年三月だ。『鉄腕アトム』については、すでに多くの研究がなされているので、ここでは詳述しないが、主人公のロボットの名前「アトム＝原子」だけでも、このマンガに、原子力エネルギーへの深いオマージュが込められていることが明らかである。一〇万馬力のアトムは、原子力エネルギーで動いているり振られている。彼の「妹」は「ウラン」、「兄」は「コバルト」で、放射性物質の名前が割ことになっている。

核の恐怖と核の魅力

だが、原子力が、敗戦後から始まる「理想の時代」の理想性を具現していたとすると、直ちに、次のような疑問が思い浮かぶ。終戦の直前に、広島と長崎に原爆を投下されたために、日本は「核」を深く嫌悪し、これを批判してきた。反核は日本の国是と言ってもよい。その日本社会が、どうして、まさに「原子力＝核」を自らの理想として掲げたのか。今日、日本は、アメリカとフランスに次いで多くの原発を所有する原子力大国である。その起点は、一九五〇―六〇年代の原子力への熱狂にある。

疑問を、リスク社会論の提唱者、ウルリッヒ・ベックに語ってもらおう。ベックは、福島の原発事故について論じた文章の中で、実に率直に語っている。彼は、二〇一〇年一〇月に訪日したとき、広島の平和記念資料館を訪ね、ヒロシマがどれほど日本国民全体の深いトラウマになっているかという点に深く印象づけられた、と言う。日本国民は、核兵器の禁止だけではなく、核実験の禁止も求めている。広島市長は、核実験のたびに、その実験を行った政府の首脳に抗議の電報を打っているのだ。それだけに、ベックには、一つの答えの出ない問いが深々と刻まれることになった。「世界の良心・世界の声として、核兵器のまったき非人間性を倦むことなく告白し続けた国が、なぜ同時に、極端な場合にはそれが核兵器とまったく同じ破壊力をもつと知りつつ、ほかならぬ原子力の開発をためらうことなく決断し得たのか」と。[12]

日本の戦後史の原点に、核の破壊力への恐怖があることは間違いあるまい。このことを象徴的に示しているのは、「原子力的な陽光」という語で知られている、日本の戦後史の原点に置かれた出来事がある。占領下の日本を取材したマーク・ゲインの『ニッポン日記』で紹介され、その後、ジョン・ダワー、加藤典洋、武田徹等の戦後史に関心をもつ批評家や学者たちに繰り返し引用されてきた場面である。松本烝治、白洲次郎、吉田茂の三名が、憲法の松本草案を検討している部屋に、GHQのコートニー・ホイットニー准将が部下二名とともに入ってくる。ホイットニーは、日本側が用意した草案に関して、総司令官はこれを「全然容認できない」として、総司令官が承認しているという代替的な文書を提示した。その上で、ホイットニーらは、「諸君の検討のため」として、わずか一五分の時間を与え、その間、ベランダに退くのだ。そのときちょうど、アメリカの爆撃機が轟音を立てて飛び過ぎた。部屋に戻ってきたホイットニーが吐いた一言が、「いや原子力的な日光の中で陽なたぼっこをしていましたよ」である。[13]

この疑問に関しては――すでに何人かの論者が指摘しているように――、次のように考えるほかないのではないか。日本は、核アレルギーがあるにもかかわらず、原発を積極的に導入したというのではなく、まったく逆に、核アレルギーがあるからこそ、原子力に魅了され、その導入に熱心になったのだ、と。このことは、広島や長崎の被曝者の中に、原子力への——無論その平和利用への——支持者が意外なほどに多い、という事実によっても傍証を与えられる。田中利幸によれば、歴代の広島市長の中に、直接の被曝体験をもつ者は三名いるのだが、その中で、原子力平和利用への反対者は一人もいない。三名の中の一名は、平和利用の積極的な賛同者である。[14] 福島原発事故に対する、日本原水爆被害者団体協議会の反応も非常に鈍く、かつ弱かった(たとえば、政府と東電に周辺住民の健康管理等の対策を急ぐように要請したのは、事故から一か月半近く経ったときであり、この要請自体が少しも急いでいない[15])。

核への恐怖と核の魅力がどのように繋がり、どうして前者が後者へと反転するのか? その論理は、容易に推測できる。日本人は、敗戦したとき、アメリカの科学・技術に圧倒された、という感覚をもったに違いない。日米のこの点での差異を最も強く印象づけたのが、言うまでもなく、原爆である。こうして打ちのめされた自尊心を回復するには、日本としては、どうしたらよいのか。科学・技術の象徴であるところの原子力を味方につけ、わが物とし、それを自由に使いこなすことこそ、敗戦によって失われた自尊心を取り戻す、最も確実な方法であろう。

このように、恐怖の対象でもありうる核の破壊力と核が発するポジティヴな魅力とが結びつく。ここで、オウムの麻原が体現したのが、破壊の神シヴァであったことを想い起こしておいてもよいだろう。世界を破壊する力がそのまま崇拝の対象にもなるという転換の前兆は、すでに「原子力の平和利用」というスローガンの中にある。

プルトニウムに群がる人々――アメリカ

さらに付け加えると、核＝原子力への両義的な態度が、ここに述べたような論理に基づいているのだとすれば、「原子力の平和利用」は、必然的に、アメリカ――という理想の時代の日本にとっての「第三者の審級」――への心理的な依存をも伴ったものになる。それは、アメリカのようになりたい、アメリカに認められたいという欲望の一つの現れだからである。実際、詳しくは解説しないが、初期の原発は、アメリカへの全面的な技術依存によってこそ可能になっていた。

ここで、アメリカに目を転じてみよう。日本の戦後の序盤にあたる理想の時代において、原子力が、神の国が近いことを告知する救世主(の前触れ)であった、と述べてきた。こうした状況は、アメリカでも同様である。というより、アメリカは、この点で、日本にかなり先行している。アメリカでも、同じような原子力や放射能への熱狂的な支持が、しかも日本よりもだいぶ早くから見られたのである。プルトニウム人体実験の実態を調査した、アイリーン・ウェルサムの『プルトニウムファイル』は、このことを裏づける事例の宝庫のようなものになっていて、武田徹もここから多くのエピソードを紹介している。

たとえば、アメリカでは、一九二〇年代に、ラジウム入り商品が大人気になっている。日本の放射能酒やウラン焼きと同じように、膣ゼリーやクリーム、キャンディ等にラジウムが混ぜて売られた。素人だけではなく、医者も、ラジウム処方箋を書いており、何千万人もの人が、一種の万能薬として、ラジウム溶剤を飲んだり、注射したりしただろうとウェルサムは推測している⑯。

ピッツバーグの富豪エベン・バイヤーズは、アメリカの「ウラン爺」とも見なすべき人物で、「放射線＝健康」説を普及させる広告塔の役割を演じた。彼は、ラジウム入り強壮剤「ラジトール」を愛飲し、彼のもとに集まってくるガールフレンドたちにも勧めていたという。彼が、一九二七年から三一年にかけて飲んだラジトールは、一〇〇〇－一五〇〇本だったと推定されている。なぜ一九三一年までかと言うと、この年に、彼はガンで死んでしまったからである⑰。

ウェルサムの『プルトニウムファイル』は、一九四〇－五〇年代のアメリカで、プルトニウムの影響を調べるための秘密の人体実験の全貌を暴くことを、主要な目的としている。この実験の被験者には、回復する見込みのない重い病気の患者や、囚人、知的障害児らが使われた。

こうした事実も衝撃的だが、もっと驚くべきことは、自分の身体をこの人体実験のために提供したいという一般のアメリカ人が非常にたくさんいた、ということである。秘密であるはずのこの人体実験についての噂が、どこからか漏れてしまい、自分の身体を実験に使ってほしいという趣旨の手紙が、次々とアメリカ政府に送られてきたのだという。「原子爆弾を使っておやりの実験では人間を目標に置く必要はありませんか？　もし必要とお考えならば、お役に立ちたく存じます」とか「次回の核実験で被曝のボランティアになりたいと五月二五日に手紙を差し上げましたが、返事をいただけなくてがっかりしています。政府と同じく小生も原子爆弾の生医学的作用を知りたいのです」とかといった手紙が、たくさん送られてきたのである。

二〇世紀の中ごろ、原子力や放射能が、多くの人々にとってすべての幸福への鍵として感受されていた。この点では、日本もアメリカも変わらない。

4　原子力へのアイロニカルな没入

七〇年代の転換

しかし、一九七〇年代に入る頃には、「原子力」がすべてを解決して、「神の国」のようなユートピアをもたらす、という熱狂の意識は、消えていく。日本だけのことではない。日本よりも、アメリカやドイツなどのヨーロッパの方が、この点でも先行している。

七〇年代の半ばには、原発が、安く、安全で、その上クリーンである——つまりすべての面で最高のエネルギー源である——という意識は、アメリカやドイツでは、完全になくなった。アメリカでは、一九七四年以降、原子炉は発注はされても、結局、一基も完成していない。アメリカにおける、原子炉発注のピークは、六六年から七四年にかけての時期で、七四年以降は、発注の件数自体が激減している⑱。

日本の場合は、いささか事情が異なる。原発の建設は、むしろ、一九七〇年代以降に本格化する。一九七〇年代から一九九七年にかけて——つまり虚構の時代に対応する時期に——、きわめてコンスタントに、つまり一年間に二基程度のペースで、新しい原子炉が建設されてきた。日本では、一九七〇年代以降も、脱原発の兆候すら示さなかった。しかし、五〇年代や六〇年代にあったような、原子力を、あらゆる幸福や理想へと通ずるマスターキーのようなものと見なす意識は、日本でも、七〇年代以降は、ほとんど見られなくなった。ウラン爺やアトムのようなヒーローが生まれることはなかったのだ。これは、理想の時代の終結と並行した現象である。理想の時代が終わった以上は、理想の憑依物としての原発の役割も終わったのである。

それならば、どうして、原発は、七〇年代以降も、ものすごい勢いで建設され、稼働してきたのか。その理由は、明白である。原発には、大きな経済的利得があると見なされていたからである。原発が、安価で大量のエネルギーを供給しうる、という点で、他の発電方法に勝ると考えられたのである。少なくとも、この経済的なメリットが、原発導入の公式に表明された理由である。

原子力の二元体制

したがって、次のような構図を得ることができる。理想の時代(一九四五—七〇年)においては、原子力を「万能の神」と見なすような、崇拝の意識があった。しかし、虚構の時代に入ってからは、原発へのわれわれの関心は、もっぱら実利的なものである。原発は、便利で儲かる、というわけである。後者の実利的な関心は、前者の崇拝の意識に比べると、合理的な打算に基づいており、コミットメントの程度ははるかに小さい——ように思える。ほんとうだろうか?

まずは、こうした移行を、原発についての行政の中にも、はっきりと見て取ることができる、ということを確認しておこう。日本の戦中以来の原子力の行政およびその民事利用の歴史に関しては、吉岡斉の『新版 原子力の社会史』が、決定版的な記述を与えてくれる。吉岡は、戦中から福島原発事故後までを八段階に分け、非常に詳しく記述している。その全体を貫通する日本国内の原子力開発利用体制の構造的特質は、「二元体制的国策共同体」という語で表現されるという。国策共同体というのは、政治家・官僚・業界人が国家政策の決定権を独占している状態で、わかりやすい。ここで興味深いのは「二元体制」の方である。

二元体制というのは、原子炉や核燃料に関連する制度的メカニズムにおいて、電力会社・通商産業(経済産業)省の連合と科学技術庁(文部科学省)系のグループが棲み分けつつ、緊張関係を保ってきた、という事態を指している。電力・通産(経産)連合は、商業段階事業を担当し、科技庁(文科省)は、商業化途上(商業化以前)の研究・実験段階の事業を担当している。そうであるならば、この二元体制は、日本人にとっての「原子力」の価値の二重性に対応していると解釈することができるのではないか。一方で、原子力は、科学に託された夢や理想社会の象徴であり、これに対応しているのが、科技庁の事業である。他方で、原子力は、何よりも経済的な利益をもたらす生産手段にほかならず、この点での原子力の活用を主として担当しているのが、電力・通産連合である。

吉岡によれば、日本の原子力体制の国策共同体としての側面は、戦中・戦後の全体を通じて不変だが、二元体制の方には変化がある。初期においては、二つのグループの力は拮抗しているが、現在に近づくにしたがって次第に、電力・通産(経産)省連合が、科技庁(文科省)グループに対して優位に立つようになるのだ。この変化は、理想の時代と、それ以降の「原子力」の価値の変容をそのまま反映している[19]。

原子力へのアイロニカルな没入

かつては、理想や幸福への一般的な鍵として、原子力に対して過剰で非合理的な期待が差し向けられていた。しかし、七〇年代以降は、原子力は、金儲けの道具に過ぎない。原子力への執着、原子力への帰依の程度は、大幅に下がっている。言い換えれば、今や脱原発もさして難しくはない。このように考えてよいのだろうか？

実は、そう簡単にはいかない。日本では、七〇年代以降にこそむしろ、原発の建設がさかんになったという事実が示しているように、原発に対する日本人のコミットメントの大きさは、いささかも低下していない。変わったのは、コミットメントのスタイル、原子力への「信仰」の様式ではないか。これが、本章で提起しておきたい仮説である。

理解のポイントになるのは、「アイロニカルな没入」である。これは、リチャード・ローティの論などを参考にしながら私が案出した概念で、意識と行動の間のある種の捻れを意味している。意識の水準では、主体は対象に対して、冷静な距離をおいている。たとえば、主体は、「ただ都合がよいから関わっているだけだ」といった冷笑的《アイロニカル》な意識を、対象に対して抱いている。しかし、行動に関しては、主体は、その対象に無条件に帰依し、没入しているように見える。このような捻れ(「わかっちゃいるけどやめられない」)が見出されるとき、主体は、その対象に対してアイロニカルに没入している、と言う[20]。

アイロニカルな没入の最もわかり易い実例は、貨幣に対するわれわれの態度である。かつて、マルクス主義者は、「(資本主義社会における)貨幣に対する物神崇拝《フェティシズム》」を批判した。貨幣は、社会関係の表現、市場における社会関係がもたらした効果に過ぎないのに、人は、貨幣それ自体に価値があるかのように貨幣に執着し、貨幣を崇拝している、と。しかし、この批判がポイントを外していることは明らかであろう。なぜならば、われわれは誰も、貨幣そのものに内在的な価値がある、などと思ってはいないからだ。われわれは、皆、貨幣が価値があるのは、それを交換の一般的な媒介として使うことを皆が約束しているからであること、その意味で貨幣はまさに社会関係の網の凝縮された形象であることをよく自覚している。

それならば、物神崇拝などどこにも存在しないのか。われわれは貨幣崇拝から自由なのか。そうではない。物神崇拝は、行動の水準にあるのだ。われわれは、いくら「貨幣などただの便利な道具に過ぎない」という冷めた意識をもっていたとしても、好き勝手に、いつでも貨幣を放棄できるわけではない。まったく逆に、それでもなお、われわれは、必死になって貨幣を追い求め、富の蓄積を人生の主要な目的とすることさえあるのだ。つまり、行動の水準で見れば、貨幣を神のように崇めているのと同じことになる。

意識と行動のどちらが大事なのか。意識と行動のどちらに、主体の真実が現れているのか。もちろん、行動である。たとえば、「酒の飲み過ぎは心身に悪い」ということがわかっていても、酒を飲み続けるアルコール依存症の患者に関して、「その人はもうわかっているのだから、治ったに等しい」などと思わないだろう。

同じことは、原子力に関しても言える。理想の時代が終わった後、日本人は、原子力に対してアイロニカルに没入したのではないか。日本人にとって、原子力は、いまだに神である。しかし、日本人は、そのことを意識してはいない。このように考えることで、原子力についての、意識レベルの熱狂が消えてしまった一九七〇年代以降に、むしろ熱心に原発が建設され、維持されてきた、という事実も説明することができる。

さらに、付け加えておけば、オウム信者の麻原彰晃への帰依も、また彼らのハルマゲドン(世界最終戦争)への執着も、アイロニカルな没入である。彼らは、麻原彰晃が「ただのおじさん」であることも知っているし、ハルマゲドンが虚構《フィクション》であることも自覚していた。だが、彼らは、麻原が最終解脱した神であるかのように、またハルマゲドンが実際に始まっているかのようにふるまったのである。

5　核には反対だが賛成だ

九条と原発

憲法九条や非核三原則と「原子力の平和利用」との関係についても、論じておく必要がある。日本人は、一般に、平和憲法や非核三原則の国是があったおかげで、日本は核武装しなかったし、一九四五年以降、戦争もしなかった、と考えている。だが、このように理解したときには、前節で見たのと類似の疑問が直ちに生じてくる。原発のメカニズムは、原爆と変わらない。言い換えれば、原発の技術――中でも核燃料サイクル――は、直ちに軍事に転用しうるものである。わざわざ、憲法や非核三原則によって平和を謳いあげている国民が、どうして、かくも熱心に原発の建設に取り組むことができたのか。

ここで、またしても、逆説的でおぞましい可能性を考慮しなくてはならないのではあるまいか。すなわち、九条や三原則があったがゆえに、それらを掲げていたがゆえに、かえって、原発が盛んに建設されたのだとしたら、どうであろうか。「そんなことがあるはずがない!」と反論されるだろうが、この悪魔的な可能性を否定することはできない。どうしてなのか、説明しよう。

「pである、ただしq」

この問題で効いているのは、「pである、ただしq」「原則的にはpである、ただしqは例外である」という原理である。pには、強い普遍的な規定が入る。qは、その普遍性に対する例外であり、これはいくらでも増やすことができる。この原理、「(多数の)例外付きの普遍性」という原理を用いると、普遍的な規定を好きなだけ蹂躙し、骨抜きにできる上に、普遍性の形式だけは維持することができる。日本人は、九条や三原則に関して、この原理を徹底的に活用してきた。

憲法九条は、一切の戦争の放棄と、あらゆる軍隊(戦力)の不所持を謳っている。これが、pの普遍的な規定にあたる。だが、戦後の政治史は、これに対する例外qを付加していく歴史であった。たとえば、自衛のための戦力は軍隊ではない、として例外扱いにされた。日本人から見ても、他国の人々から見ても、自衛隊は(ほとんど)軍隊だが、日本人は、それでも戦力放棄の原則を遵守しているという体裁を維持することができる。さらに付け加えれば、日本人の観点からすると、世界で一番大きな戦力を有する国と軍事同盟を締結しても、戦略をもったことにはならないらしい。

例外の守備範囲は、少しずつ大きくなってきたし、今後も大きくなるだろう。今のところ、戦争の後方支援までは「戦争」の中に入らないことになっているが、その「後方」の解釈はどんどん大きくなっていくに違いない。そして、気が付いたときには、すべてが例外qとなってしまい、pのための領域はゼロになってしまうだろう。つまり、日本は、普通に軍隊をもって、普通に戦争することができる国にさえなりうる。驚くべきは、それでもなお、すべては例外qであって、戦争放棄の平和憲法pは維持していることになる、ということである。

これは、笑い話ではない。核＝原子力に関しては、この極限——例外が普遍性の方を呑み込んでしまうような極限――に近いことが起きているからである。「われわれは一切の核を持たず、作らない」と日本は宣言した。ただし、「平和利用」は例外である。しかし、平和利用とは何であろうか。この例外としての平和利用の外延を拡張していけば、たとえば核燃料サイクルまでも含む原発をもてば、日本は、もう潜在的には核武装しているに等しい。日本人は、「核」という語と「原子力」を使い分け、前者を軍事利用に、後者を民事(平和)利用に割り当てているが、英語で言えば、どちらも「nuclear」である。「一切の核に反対である。ただし原子力は別だ」という文は、「すべての nuclear に反対だが、nuclear は例外だ」というナンセンスな文になる。

繰り返せば、この「普遍性 p に例外 q を付加する」という原理の便利さは、いくら普遍性を蔑ろにしても、なおその普遍的な原則を遵守していることになる、という点にある。だから、この原理を活用すると、普遍的な原理や規則を貶めたことに対する良心の呵責から自由でいられるのである。多額の軍事費を使っても、また日米安保条約に基づいて軍事基地を領土内に置いても、「平和を愛する国民」だと思い続けることができる。原発を五〇基以上ももち、核燃料サイクルまで試みても、「唯一の被爆国として核には断固反対してきた」と信じることも可能だ。

すると、こう考えることすらできるのではないか。憲法九条や非核三原則があったがために、日本人は、かえって安心して――たいした良心の呵責を感じずに――原発の開発ができたのだ、と。念のために述べておくが、九条や三原則自体がいけないわけではない。そうではなく、そうした普遍的な原則に対する関係のあり方に秘密の一切が含まれているのである。どんな例外をも認めない普遍性、どのような妥協もない普遍性を維持していれば、こんな笑い話のような転回は生じえなかったはずだ。

6　ノアの大洪水

本章の最後に、もう一度、3・11を構成する二つの惨事に立ち返っておこう。本書の議論の一つの含意は、地震(津波)と原発事故の歴史的な意味は、宗教的に説明されなくてはならない、ということである。二つの出来事はどのように同じでどのように異なっているのか。それは、宗教の文脈の中でこそ解釈できる。

たとえば、東日本大震災を連想させる、『旧約聖書』の物語は、大洪水のエピソード、ノアの方舟で知られている大洪水のエピソードであろう。神は、宇宙を創造するのだが、言ってみればリセット・ボタンを押して、宇宙史をやりおなす。リセット・ボタンにあたるのが大洪水である。東日本大震災に伴う大津波は、「創世記」の大洪水とはまさにこんなものだったのではないか、と思わせる。

しかし、厳密には、神はすべてを大洪水によって流し去っているわけではない。リセット・ボタンによる破壊を免れる一点がある。それが、ノアである。神は、ノアの一族と、ノアが選んだ一つがいずつの動物たちを残すことに決めた。よく知られているように、ノアたちだけは方舟に入ることによって、洪水を乗り切ることができるのだ。

ノア(たち)だけが洪水をこえて生き延びることには、重要な神学的な意義がある。すべてが破壊されたわけではないということ、そのことによって、神の行為、神の創造が有意味なものとなるのだ。もし神が、すべての被造物を洗い流してしまったとしたらどうだったかを考えてみればよい。その場合には、神は完全に間違った宇宙を創造していたことになるだろう。つまり、神による天地創造はまったく無意味なものだったことになる。したがって、神がやったことに意味があるためには、すべてが破壊されてはならないのだ。ノア(たち)が方舟に乗ったことによって救われたのは、ノア(たち)ではない。神こそが、ノアの方舟によって救われているのである。

この論理は、東日本大震災(津波)に適用することができる。まず断固として拒否されるべき、間違った解釈は、被災を免れたひとは正しく、被災した者は罪深かったとする理解である。震災の直後に、これを「天罰」と見なした者がいたが、それは、無神論の立場からだけではなく、信仰の立場からしても誤っている。

東日本大震災と津波が、ノアの大洪水に類似しているのは、それが理不尽で無意味な破壊であるにもかかわらず、なお神の超越性を残存させるからである。先に、カントの論理を応用して、次のように述べた。震災のような暴力的な自然災害は、否定性を介して、道徳法則の崇高性の次元を指示するのだ、と。人間の行動を絶対無条件に規定する崇高な道徳法則は、超越的な神の機能的な等価物である。大洪水が、ノアという特異点を残存させることによって、神を救出した。東日本大震災は、副産物として友愛のコミューンを生み出すことによって、やはり神に匹敵する超越的で崇高な次元を維持するのである。

原発事故についてはどうであろうか？　これもノアの大洪水の論理で解釈できるだろうか？不可能である。原発事故に対応する『旧約聖書』の物語はあるだろうか。ある。「ヨブ記」である。その意味は、第Ⅳ章で論ずることにしよう。

(1)　森川嘉一郎『趣都の誕生――萌える都市アキハバラ』幻冬舎、二〇〇三年。
(2)　レベッカ・ソルニット『災害ユートピア――なぜそのとき特別な共同体が立ち上がるのか』高月園子訳、亜紀書房、二〇一〇年。
(3)　ナオミ・クライン『ショック・ドクトリン――惨事便乗型資本主義の正体を暴く』幾島幸子・

村上由見子訳、岩波書店、二〇一一年。

（4） Martin Heidegger, "Hölderlin's Hymne 'Der Ister,'" *Gesamtausgabe* 53 Frankfurt: Klostermann, 1984.

（5） 「ウラン爺」については、以下を参照。武田徹『「核」論——鉄腕アトムと原発事故のあいだ』勁草書房、二〇〇二年。

（6） 正力の背後には、日本テレビに属していた柴田秀利という人物がいたことがわかっている。柴田は、おそらくCIAの工作員と推定されるD・S・ワトスンという人物と接触をもちながら、熱心に、日本に原子力を導入しようとした。

（7） 大江健三郎『核時代の想像力』新潮社、一九八〇年。

（8） 東善作の生涯は、原子力の魅力が、日本人にとって、「アメリカ」の魅力と不可分だったということを示す事例としても興味深い。東は、学校を卒業し、新聞記者だった頃、アメリカ人パイロットの曲芸飛行に感動して、自分もパイロットになろうと志願し、全財産をなげうってアメリカへの片道切符を買い、単身、アメリカに渡った。アメリカでは、港湾労働者のアルバイト等をしながら飛行機学校に通い、ついに資格を獲得し、日本人としてただ一人、第一次世界大戦のヨーロッパ戦線にパイロットとして参加した。当時の友人ジョー・ブロッサーが飛行機学校を開設し、成功したのに刺激されて、東は、日本に飛行機学校を作ろうと帰国するが、失敗した。衆議院議員選挙に立候補したこともあるが、これも失敗した。戦後は、英語力を活かして、GHQ関係者に伊万里焼陶器等を売って、まずまずの蓄財に成功したという。その東が、ウラン鉱山を探し始めたのは、たまたま手にした『リーダーズ・ダイジェスト』で、あの飛行機学校のジョー・ブロッサーが、ウラン鉱山を探し当て、巨万の富を築いたという記事を読んだからである。東にとって、アメリカ―飛行機―富―原子力といったものが、等価的な連鎖をなしていたのだ。東善作については、以下が詳しい。鈴木明『ある日本男児とアメリカ――東善作、明治二十六年生れの挑戦』中公新書、一九八二年。

(9)　動力炉・核燃料開発事業団、いわゆる動燃の前身。人形峠でのウラン鉱の発見に伴って発足した原子燃料公社は、六七年に、動燃に改組。動燃は、さらに、九八年に核燃料サイクル開発機構になった。同機構は、二〇〇五年には、日本原子力研究所と統合されて、日本原子力研究開発機構に再編された。

(10)　大澤真幸『不可能性の時代』岩波新書、二〇〇八年。

(11)　大澤真幸『虚構の時代の果て』ちくま学芸文庫、二〇〇九年。

(12)　ウルリッヒ・ベック「この機会に――福島、あるいは世界リスク社会における日本の未来」『リスク化する日本社会――ウルリッヒ・ベックとの対話』鈴木宗徳・伊藤美登里編、岩波書店、二〇一一年。

(13)　マーク・ゲイン『ニッポン日記』井本威夫訳、筑摩叢書、一九六三年。加藤典洋『敗戦後論』講談社、一九九七年。

(14)　田中利幸「「原子力平和利用」と広島」『世界』二〇一一年八月号。

(15)　加藤典洋『3・11』岩波書店、二〇一一年。

(16) アイリーン・ウェルサム『プルトニウムファイル』渡辺正訳、翔泳社、二〇〇〇年。
(17) バイヤーズの最期は、東善作と同様に、いや東善作よりもはるかに悲惨だった。バイヤーズは、若い頃、フットボールのプレーヤーで、頑強な身体をもっていたが、病気で、体重が四〇キロ程度まで激減してしまった。顔色は、黄色く変色し、病気の進行を食い止めようと顎の骨や頭蓋骨の一部を切除する手術を受けたが、その効果はなく、一九三一年に亡くなった。
(18) 長谷川公一『脱原子力社会へ』岩波新書、二〇一一年。
(19) 吉岡斉『新版　原子力の社会史——その日本的展開』朝日新聞出版、二〇一一年。
(20) 大澤真幸『不可能性の時代』。

Ⅲ　未来の他者はどこにいる？　ここに！

1　偽ソフィーの選択

神義論から人義論へ

前章で、日本の戦後において、原子力は、神のごときものだった、と論じた。原子力への明示的・意識的な熱狂が消え去った一九七〇年代以降にあっても、原子力という神へのアイロニカルな没入は継続していたと推測することができる。

ところで、西洋では常に、大災害は神学と倫理学の大問題であった。災害が大きな問題となるのは、西洋が、一神教、キリスト教という一神教を前提にした文明だからだ。全知全能の神が創造したこの世界に、どうして悪があるのか。どうして義人にとてつもない不幸が襲うのか。無差別に襲う災害は、不幸な義人を大量に生む。一神教にとって、これは難問であった。これを説明する論理は、「神義論 Theodicy」と呼ばれている。

アウグスティヌスは、長い間、この問題への標準的答えだった。それは、次のような説明である。「神は、人間を自分の似姿として作ったので、人間に自由を与えるしかなかった。その中には、悪をなす自由も含まれるのだ」と。しかし、これは神の限界を人間に送り返したに過ぎず、一神教にとっては満足すべき回答ではない。どうして、神が、「悪を行う人間」のような不完全なものを創ったのかが、わからないからだ。実際、アウグスティヌスの論には、非常に多くの批判が寄せられた。

西洋の神学を徹底的に動揺させた、近代における災害の例としては、前章で言及した、一七五五年一一月一日のリスボン大震災が有名である。リスボン大震災によって説得力をまったく失った、「神義論」的な説明としては、ライプニッツ Leibniz の可能世界論がある。ライプニッツは、神は、無限個の可能な世界の中から最良のものを選択して、存在せしめたに違いないと考えた。しかし、リスボン地震は、こういう考えを木端微塵にしてしまった。それは、完璧な世界の中の部分的な不都合と見なすには、あまりにも大きな犠牲であり、破局であった。

リスボン地震に対するヨーロッパの知識人の二つの代表的な対応は、ヴォルテールとルソーに見ることができる。ヴォルテールの反応は、たいへんシンプルで、惨事に対してはたいへん受動的である。彼は、出来事の純粋な偶有性を受け入れるしかない、と考えた。真の原因や理由はわからないという諦念が前提になっている。

それに対して、ルソーは、能動的・積極的である。ただ、ルソーは答えを与えたわけではなく、問いを再定式化したのだ。神義論は、神が宇宙の作者であるということを前提にした疑問に対して提起された、探究の試みである。もし神が作者であるときに謎、悪についての謎があるのならば、同じ疑問は、現在では、「人間が宇宙の作者である」という設定のもとで、そのまま継承されているはずだ。神の地位を人間が引き継いでいるからである。これがルソーの考えである。彼は言う。「人間はもはや悪の作者を探す必要はない。人間自身が作者なのだから」(『エミール』)。「神義論」に代えて、「人義論 Anthropodicy」が必要だ、というのである。

ヴォルテールとルソーの対立を、3・11の出来事と対応させれば、次のように言うことができるのではないか。地震・津波に対してならば、ヴォルテール的な諦念によって応ずることも可能である。しかし、原発事故に対しては、そうはいかない。原発事故に対しては、神義論ならぬ人義論が必要だ。以上を、本章の考察のための伏線としておこう。

脱原発派の意外な少なさ

見田宗介は、福島第一原発事故後の日本人の集合的反応に関して最も驚いたのは、反原発・脱原発の意外なまでの少なさである、と述べている。私自身も、同じ事実に驚いた。このとき「日本人の集合的反応」として念頭に置かれているのは、事故後、一か月強ほど経たときに、全国紙等の主要マスメディアが一斉に行った、全国規模の意識調査である。

菅直人首相が、五月に、中部電力に対して浜岡原発の稼働停止を要請し、実際に同原発が停止した後は、広義の原発反対派(原発全廃+減らすべき)が、やっと過半数を超え、その後は、脱原発派が圧倒的な多数派になっているかのように言われているが、少なくとも事故からそれほどの時間を経ていない、およそ一か月の時点では、原発の全廃を求める、真正の脱原発派は一割程度でしかなく、「原発を減らすべき」と答える者も含む、ゆるい意味での脱原発派も、半数に達していない。

たとえば、『朝日新聞』が、四月一六—一七日に実施した社会調査によれば、「原発やめる」と「減らす」を合わせて四一％(うち「やめる」は一一％)であり、これは、「現状程度」と「原発増やす」を合計した広義の原発支持派五六％よりも少ない。四年前の二〇〇七年と、「現状程度」派はほとんど変わらない(上図参照)。

原子力発電は今後……

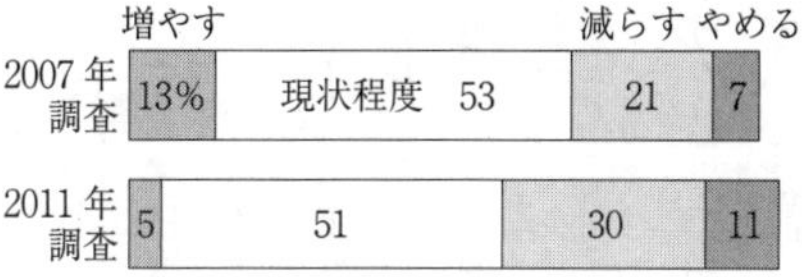

(注) 2007年は「日本は電力の3割を原子力発電でまかなっています」と説明して質問.「その他・答えない」は省略.
(出典) 朝日新聞調査　2011年4月16－17日をもとに作成.

原発事故後の一か月の時期は、すでに周辺二〇キロ圏内の住民は、いつ帰ることができるとも知れぬ避難生活を送っており、直前には、原子力安全・保安院によって、事故が「レベル7」の最悪水準であることが宣言され、人々の不安や恐怖が頂点に達していた頃である。こういう状況の下でも、脱原発派がたいして増えないのはどうしてなのか。

さらに、事故から二か月ほどの頃より、脱原発派が過半数になったと述べたが、しかし、事故から一年が経とうとする現段階でも、脱原発の政治的な決定がなされたわけではない。国会議員の中に、断固とした脱原発を目指す者が、少数だからである。つまり、日本社会の民主的な意思決定の中からは、脱原発の方向は明示されてはいない。

さらに、驚くべきことは、原発事故が起きたときに、最も大きな災難を被るはずの、原発立地自治体がしばしば——東海村のような例外もあるが多くの立地自治体の首長や住民が——、いまだに、最も熱心な原発の推進派であるという事実である。事故の記憶が生々しかった、事故後およそ二か月の時点で行われた、青森県知事選でも、原発支持派が勝利した。さらに、事故が勃発しておよそ六か月が経過した時期、いまだに事故の収束についての十分な見通しがたっていなかった九月に行われた、山口県上関町の町長選は、脱原発派にとっては、びっくりするような結果であった。ここはまだ原発が建てられてはいない。選挙の争点は、二年前から始まっていた建設計画を推進するか否かにあった。結局、推進派現職町長が反対派に圧勝したのだ。

是非はおくにしても、大規模な原発事故の悲惨な結果を目撃したり、体験したりしている状況の下では、脱原発が支持されるのが当然であるように思える。だが、各種の社会調査によれば、世論の反応はそうはなっていない。どうしてなのか。これがさしあたっての問いである。

さらに、ここからの系とも呼ぶべき、補助的な問いを挙げておこう。脱原発の世論が少しずつ高まる中で、菅直人前総理の支持率は急落した。脱原発の世論の高まりと、菅総理への支持率は、まさに反比例していた。結局、菅直人は、事故から半年もたたない八月の末に退陣を余儀なくされたのだ。しかし、これは奇妙なことではないだろうか。菅直人は、有力政治家の中では――つまり総理に就く可能性もあるような現職政治家の中では――、ほとんどただ一人、脱原発を支持していたからである。世論は、脱原発に賛成しておきながら、脱原発を推進しようとする首相を支持しなかったことになる。とりわけ、七月中旬に、菅直人が、会見で、「脱原発社会を目指す」と明言したとき、この首相に対して、激しいバッシングが起きたのは、きわめて不可解なことだ。

人間の欲望の一般的な問題として……

しかし、一見、これらの問題は、人間の欲望の問題として、かんたんに片づけられることのように思える。原発は、いくつもの利益を、とりわけ経済的な利益をもたらしてくれる（と思われている）からだ。原発は、安価で大量の電気をもたらす。現在のわれわれのほとんどすべての活動、生産であれ、消費であれ、どのような活動にあっても、電気を必要としているので、低コストの安価な電気の経済的な利得の大きさは、実に大きい。加えて、原発は、二酸化炭素を排出しない、クリーンなエネルギー源であると称賛されてもいる。地球の温暖化が主要な問題であるとき、原発の効用は大きい。

原発を立地した自治体にとっては、おそらく、原発そのものよりも、その副産物が、魅力的なものである。原発を誘致する自治体は、「おまけ」の方が欲しくて、グリコのキャラメルを買う子どものようなものだ。「おまけ」とは、たとえば、原発を立地したことによって、政府から自治体に与えられる交付金である。原発そのものから来る、固定資産税もそれに含まれる。さらに、雇用創出等の、原発をもったことによる経済効果も、原発の「おまけ」である。

原発がもたらす、こうした利益に人が引きつけられることには、とりたてて神秘的なことは何もない。そうだとすれば、深刻な事故の直後にあってさえも、原発推進派が強いという現象は、社会学的に見て、それほど説明し難いことではない、と考えてよいのではないか。

偽ソフィーの選択

しかし、以上のことをすべて考慮に入れたとしても――いや考慮に入れればなおのこと――謎は執拗に残るのだ。その謎は、哲学的とも言うべき深さがある。

疑問の輪郭をクリアにするためには、序章で引いた、ウィリアム・スタイロン原作の映画『ソフィーの選択』（アラン・パクラ監督）を参照するのがよい。ソフィーは、アウシュヴィッツの駅で、ナチの将校から究極の不可能な選択を迫られるのだった。二人の子どものうちのどちらかを選べ、と。選ばれなかった方の子どもはガス室に送られ、殺される。追い詰められた彼女は、ついに、上の息子の方を選ばざるをえなかった。

われわれは、ソフィーの選択の場面を見て、胸が裂けるような思いをもつ。そして、彼女は、そうするほかなかったのだろう、下の子を犠牲にするしかなかったのだろう、と考え、そして彼女の苦悩や悲しみを思って、深く同情する。「ソフィーの選択」は、真に困難な問題である。

だが、もしソフィーの手のうちにあるものが、二人の子どもではなく、一人の子どもとエアコンや大金だったとしたらどうであろうか。強盗が来て、子どもか金一億円のどちらかをよこせ、と彼女に迫っているとしたらどうだろうか。突然、問題は倫理学の論文で扱うまでもない易しいものに変わる。しかし、もしここで、彼女が、子どもにしようか金にしようか、迷ったらどうだろうか。子どもも大事なことは大事だが、老後のために蓄えてきた金も手放しがたい等と、彼女が迷いに迷ったら、われわれはどう思うだろうか。彼女の倫理観や愛情にあきれるだろう。まして、彼女が、金の方を取ったら、憤激するに違いない。

この改訂版ソフィーを「偽ソフィー」と呼んでおこう。オリジナルの「ソフィー」を、どうして偽ソフィーに変換したか、ただちに理解できるだろう。原発を廃止しようか、それとも維持しようかという選択は、煎じ詰めれば、この偽ソフィーの選択と同じ形式をもっているのである。いかに複雑であろうと、原発がわれわれに与える利益は、究極的には、経済的なものである。それに対して、原発を維持し続けることは、命、しかも共同体の命の全体を危険にさらすことを、われわれは、今や理解している。われわれは迷うことなく、子どもの命(原発廃止)の方を取るべきではないか。

だが、実際にはそうはならないのだ。どうしてだろうか。どうして、人は、必ずしもこの自明な結論に到達しないのか。外から見れば、われわれは、改訂版ソフィーと同じ立場にある。しかし、改訂版ソフィーの迷いや誤った選択に憤りを覚えるような倫理観の持ち主が、必ずしも、反原発や脱原発の支持者にはならない。どうしてだろうか。われわれは、改訂版ソフィーのはずなのに、まるで本来版のソフィーのように迷いに迷い、苦しんでいる。つまり、改訂された偽ソフィーを真正ソフィーへと転換してみせる何らかの要因が働いているのである。それを知る必要がある。

論点の補足

誤解を避けるために、いくつかの論点を補足しておこう。飛行機や自動車だって、ときに人の命を奪うような危険性があるのに、圧倒的な利便性のゆえに、われわれはそれらを選んでいるではないか。原発だってこれと同じことだ、と主張する人がいる。しかし、この主張は間違っている。こう主張する人もほんとうはわかっている理由によって、間違っているのである。

どこに問題があるのか。二つのことが重要である。第一。確かに飛行機や自動車の事故も多くの人の命を奪う。原発がこれと違うのは、その事故が、ときに一つの共同体、一つの国民、さらに最悪の場合には類としての人間の全体を危険に陥れる、ということである。だから、われわれは、二〇一一年三月一一日以降ずっと、福島原発の様子を戦々恐々としながら眺めているのである。原発事故で一人の死者も出ていないのは、われわれが運がよいからである。運が悪ければ、はるかに多くの犠牲者が出ていたかもしれない。

第二。飛行機や自動車は、正常の状況下では、基本的には「安全」である。少なくとも、何らかの異常事態の下での危険性と正常時の危険性とでは圧倒的な落差がある。高速道路を走っている車のブレーキが利かなくなれば、たいへん危険ではあるが、そうした故障がないときの車の運転は、安全である。しかし、原発の問題は、通常の稼働時でも、誰かが、きわめて危険な作業——ほんのわずかな間違いで大量の放射線被曝の可能性がある危険な作業——に従事しなくてはならない、ということにある。詳述は避けるが、正常の稼働時と事故のときの危険性の差異が、原発の場合には小さい。こうしたことを考えると、原発を、自動車や飛行機と同様に扱うことはできない。

2　正義論の無力

無知のヴェール

われわれが、原発版の偽ソフィーの問題を解くことができない――まるで本来版のソフィーの選択であるかのようにそれを扱ってしまう――ことには、哲学的な理由がある。このことは、西洋政治哲学の精華とも言うべき、ロールズの『正義論』を検討することで明らかになる。[1]

『正義論』の卓越性は、「無知のヴェール」を被った人々の間の社会契約という形式で正義の原理を導出しようというアイデアに集約されるだろう。結論よりも、それを正当化するために用いた、原初状態の設定が重要である。無知のヴェールとは、それぞれの個人の属性や社会的なアイデンティティを消去することである。人は、このヴェールによって、自分がどんな仕事に就いているか、どんな能力をもつのか、どの共同体のメンバーなのか、どのくらいの財産をもっているのか……などを、何も知らない状態になるのだ。人々はみな、何者でもない裸の個人として契約に参加する。

これによって、社会的な地位や役割にともなう利害や力関係などをすべて排除した上で、正義を導くことができる。無知のヴェールは、正義の前提となる普遍性――平等に参加しうる人々の範囲――を極大化する見事な工夫である。ロールズは、無知のヴェールを被って人々が集合している状態、誰もが自分の社会的なアイデンティティを消去して裸の個人として存在している状態を、「原初状態 original position」と呼んだ。

ロールズによれば、無知のヴェールを被った人々は、全員一致で「正義の原理」に合意するはずだ。中でも、最も重要なのは、「格差原理」と呼ばれている条件である。格差原理とは、「最も恵まれていない人に最も大きな利益を配分せよ」とする原理である。無知のヴェールを被っている人、つまり自分が何者であるかについて記憶喪失に陥っている人は、誰もが、「自分がその最も恵まれていない人」であったらどうしよう、という不安をもつ。彼らは、その最悪のケースであってもできるだけ困らないように、つまり最悪のケースにおいてできるだけ優遇されるように、格差原理に合意するはずだ。こうして、格差原理は、原初の社会契約を通じて正当化され、普遍的な正義の一項とされる。これが、ロールズの論理である。

正義論における原発問題

この論理、無知のヴェールを被せた人々の間の社会契約という論理によって、原発問題が解けるだろう。つまり、無知のヴェールを被った諸個人たちの集合的な選択として、原発の存否について決定できるか――普遍的な合意に達しうるか――を思考実験してみよう。『正義論』

は、原発の将来を選択する上で前提となるような正義を導く十分な土台となるだろうか。残念ながら、否である。どこに限界があるのか。

原子炉が建設され、稼働し、最終的に安全に廃炉になるまでには、何十年もの時間がかかる。さらに原発が生み出す放射性廃棄物の中には、半減期が何十年どころか、一万年を遥かに超える物質も含まれている。特に、高木仁三郎が「人間の発生させたゴミのうちでも最もやっかいなもの、人類最大の負担といっても過言ではない」とした、高レベル放射性廃棄物は、一〇万年程度は、生物の生存圏から隔離されていなければならない、とされている。つまり、原発を建設した場合には、その影響――主としてマイナスの影響――を被る者として、一〇万年も未来の人々、一〇万年先の将来世代までをも含めて考えなくてはならない、ということになる。これほどまでに遥かに先の未来の人々の利害が、原発の建設に関与しているのだ。「一〇万年」という数字が、いかに大きいかは、これを過去に投げ返してみればわかる。一〇万年前と言えば、現生人類(ホモ・サピエンス)がようやくアフリカを抜け出しながら、ネアンデルタール人によって押し返されていた時代である。

未来の人々とは、われわれにとって、可能な限り最も遠い他者である。彼らは(まだ)存在していないからである。ここに、「正義論」にとっての躓きの石がある。

無知のヴェールという設定は、もともと、人々の間の差異を乗り越え、可能な限り多くの人々を、社会契約の場に平等に参加させるための哲学的な工夫である。無知のヴェールを被っていれば、性別とか、国籍とか、階級とかといった立場の違いが無関連なものになるので、人々が特定の立場に基づく私的な利害によって徒党を組むことができない。無知のヴェールによって、差異を超えた平等性が確保される。

しかし、無知のヴェールも、現在のわれわれと未来の他者との差異を超える力はもっていない。無知のヴェールを被って契約するということは、人々を(理念的な)現在に集めるということである。このやり方では、世代間・時間間の合意ということは思考不可能だ。どうやって、存在していない者とわれわれとの間の合意ができようか。無知のヴェールを被れば、同時に存在している人々の間の差異を超えることはできる。つまり無知のヴェールを被ったという想定の下での判断は、論理的に、同時に共存しうる様々な他者、性別や国籍を超えた様々な他者の声をも反映させたものになっている。けれども、不在・未在の他者への越境は、無知のヴェールによっては不可能なのだ。

しかし、原発について決定するためには、未来の他者を契約の場に呼び寄せ、彼らの意志を決定に反映させることができなくてはならない。未来の他者、一〇万年も後の他者にも、原発の影響は及ぶからである。

偽ソフィーの選択が、原発の場に移したとたんに、真正のソフィーの選択のような様相を呈したのは、どうしてなのか。その理由が、ここにある。今ここにいる子どもの命と一億円との比較であったならば、偽ソフィーは、簡単に結論を出したであろう。しかし、子どもは、一〇万年も後に生まれるのだとしたらどうであろうか。子どもは、今はまだ「無」であり、直接には何も訴えはしない。「無」とお金のうちのどちらを選ぶのか。そのような状況になれば、人の気持ちは大きくお金の方に傾くのではないか。

環境リスク論

ロールズの社会契約論は、抽象的な思考実験だ。原発の問題と関連づけながら見えてきた困難をさらに鮮明に浮かび上がらせるために、現実の政策決定により直結した理論を用いて、同じ主題にアプローチしてみよう。ここで参照するより現実的な理論とは、中西準子が提案している環境リスク論である。これは、環境問題に対して一般的に適用できる、非常に説得的な理論である。[2]

環境リスクとは、「環境への危険性の程度」、「「できるだけ避けたい環境への影響」がそれでも起きてしまう確率」である。「できるだけ避けたいこと」、つまり「これを避けることこそが究極の目標だ」とされるようなこと、これをエンドポイント(環境判定点)と呼ぶ。

問題は、具体的には、何がエンドポイントなのか、ということである。誰もが納得する、普遍的な「避けたいこと」とは何か？　中西は、「人の死」「個人の死」をエンドポイントにしたら、普遍的な合意が得られるのではないか、と提案する。つまり、何らかの政策や行動のリスクを、「それが人の死の確率をどのくらい高めたのか」「人の寿命を（全人口で平均して）どのくらい短縮したか」で測るのだ。短縮された寿命のことを「損失余命」と呼ぶ。

たとえば、原子炉を一基増やすとする。原発事故の確率（何年に一度の頻度で起きるのか）や、事故が起きたとき放射性物質が漏れ出しガンを発症する人の推定数などをもとにして、原子炉一基あたり、全人口で平均してどのくらい寿命を短縮することになるのか、つまり損失余命はどの程度なのかを計算することができるだろう。言うまでもなく、損失余命をできるだけ小さくすることが重要だ。

しかし、これだけでは、まだ政策は決定できない。当然のことながら、その政策には、リスクもあるが、同時にベネフィット（利得）もあるからだ。原発を造って、電気を送れば、人々の生活は豊かになるし、寿命も延びたりもするだろう。

ある政策・対策がもたらす損失余命から導かれる、リスクの大きさを⊿Rとしよう。またその政策・対策がもたらすベネフィット、言い換えれば、リスクをあえて我慢したときに得られる利益を、⊿Bとしよう。⊿Bを⊿Rで割った値、すなわち⊿B／⊿Rの値ができるだけ大きい政策や対策が望ましい。ある目標値を決め、⊿B／⊿Rが、その目標値以上になる政策であれば採用するとか、あるいは、原発と火力発電のそれぞれに関して、⊿B／⊿Rを計算して、より値の大きい方を選択する。こうすることで、合理的な環境政策を実現できる。

以上が、中西準子が提案する環境政策の原理の骨子である。ここには、無論、まだいくつもの倫理的な問題、技術的な問題がある。たとえば、⊿B／⊿Rが計算できるためには、リスクとベネフィットが共通の尺度をもっていなければならない。結局、その尺度は、経済的なものになるだろう。人の寿命を貨幣に換算することには、技術的な難しさもあれば、倫理的な問題もあるだろう。また⊿Bは、環境対策の費用に等しくなるのだが、どのような対策が可能で、その費用がどの程度かは、普通は、事前にはわからない。

こうした問題は、しかし、今は脇においておこう。実際、これらは解決できない問題ではない。そうすると、中西の環境リスク論は、誰もが回避したいと望んでいる「死」をエンドポイントとしているため、誰もが納得せざるをえない、普遍的な説得力をもつ。これは、ロールズの正義の原理のもつ普遍性に匹敵する。

「生物種の絶滅」というエンドポイント

しかし、原発の問題や地球環境問題に対応するためには、これだけでは足りない。確かに、一人ひとりは、自分の余命が短くならないように、と望むだろう。しかし、原発によって寿命が短くなるのは、今、生きている人ではない。まだ生まれていない人の寿命が問題なのだ。

中西も、もちろん、そのことを心得ている。だから、地球環境保護に関連するような政策については、エンドポイント（避けたいこと）を「生物種の絶滅」にしたらどうか、と提案する。できるだけ、生物種を絶滅させない政策、生物種を減らすことで将来世代に不利益や不幸を与えない政策がよい、ということになる。

だが、ここに、われわれは環境リスク論の限界を見ないわけにはいかない。「（個人の）死を回避する」という目標であれば、民主的で普遍的な合意が得られるだろう。しかし、自分たちが死んでしまった後に生物種がどのくらい残るのかということに関して、誰もが、同じように死活的な価値があると見なすだろうか。自分が死んだ後に関しては、「後は野となれ山となれ」と思っている人を、説得することができるだろうか。それは難しいに違いない。難しいからこそ、四〇年前に福島第一原発は建設されたのだし、今日に至っても、日本人の多くは、原発を完全に放棄する気にはなれないのだ。

「将来世代のために生物種をできるだけ絶滅させない」というエンドポイントが、現在世代の民主主義と整合する保証はどこにもないし、実際に整合しない。民主主義を貫徹させれば、ときに「生物種の絶滅」を減らすという目標が蔑ろにされるのを甘受せざるをえず、逆に、絶滅する生物種の数を最少に、という目標を優先させれば、民主的合意は二の次になるほかない。

民主主義は、現代世代の間の合意だからだ。ここには、ロールズの『正義論』と同じ限界がある。

貯蓄原理

ロールズの原初状態は、(理念化された)現在に参集した諸個人の間の合理的な選択にもとづく合意という形式で、正義を基礎づけようとする試みだった。しかし、この方法では、将来世代、未来の他者への責任という問題は扱うことはできない。この点は、ロールズ自身も自覚していたことである。

ロールズは、何とか異なる世代の間の正義という問題まで扱えるように、自分の議論に改訂をほどこしている。[3] その改訂が、しかし、問題の真の深刻さをよりいっそうはっきりと照らし出す結果となっているので、ここで検討しておこう。将来世代のために現在の世代が何らかの禁止や禁欲等の規制に従うことを、ロールズは「貯蓄原理 the saving principle」と呼んでいる。資源を使いすぎないように残しておくとか、放射性物質や二酸化炭素で汚染されていない環境を保存するということが、将来世代のための「貯蓄」のようなものだからである。

問題は、どうすれば貯蓄原理を正当化できるのか、その理由づけである。先に述べたように、無知のヴェールを被った人々の間の合意、つまり「原初状態」での合意は、これを正当化する理路を導くことはできない。最初の設定に修正を加えなくてはならない。

そこで、ロールズは、原初状態の人々の動機づけにある制約があったらどうだろうか、と考えてみる。ロールズが提案する制約は二つである。

①　当事者は各家系を代表している(身近な子孫を大事に思うということ)。

②　採択された原理は、先行する全世代が従ってきたものだと彼らが望むものであること。

この二つの制約が原初状態にあることで、貯蓄原理を導くことができるだろうか。①から検討してみよう。①は、そもそも、原初状態のメリットを損なう、きわめて大きな譲歩である。ロールズの正義論が見事なのは、各個人が、あらゆる社会的な「しがらみ」から解放されて、自分にとって利益にかなうような合理的な行動さえとれば、結果的に正義が実現するという点にある。ところが、①は、個人が、自分だけではなく、他者、特定の他者、具体的には子や孫のことを考えて行動することを前提にするものである。無知のヴェールの遮蔽の効果を下げ、子や孫との繋がりを最初から自覚させよう、というわけである。

しかし、結論的に言えば、①のような犠牲を払っても、原発問題に対応できるような貯蓄原理は導出できない。その理由は簡単である。将来世代、未来の他者の最も重要な特性は、本来は、その圧倒的な不確定性にある。しかし、①で扱うことができるのは、自分が実感できたり、想像できたりする身近な将来世代だけである。つまり、子や孫という比較的親密で、不確定ではない将来世代のみだ。しかし、原発問題を考えるためには、一〇万年も先の将来世代、それが誰であるかもわからない将来世代、極端なことを言えば、そもそも存在することになるかどうかさえも決定できない他者である。そのような他者は、①では視野が及んでいない。

過去からの借り／未来への貸し

実際、ロールズも、次第に①を放棄して、②だけで貯蓄原理を根拠づけられないか、と考えるようになる。[4] ②は、次のような着想に基づいている。先に、無知のヴェールという素敵な設定を利用すれば、存在している他者たちの間の差異を乗り越えていくことができるが、存在（しているわれわれ）と不在（の他者）との差異を横断することは不可能だ、と述べた。だが、われわれは通常、不在の他者を考慮の外に置いているわけではない。それどころか、むしろ、人は、ある種の不在の他者に縛られていて、そこから自由になることの方が難しい。「ある種の不在の他者」とは、すでにいない他者、つまり死者、過去の世代である。「死んだ父の遺志を受け継ぎたい」等と思うとき、われわれは過去の他者を、合意の場に呼び寄せているに等しい。

もともと、未来の他者のことを正義論の中に入れることの困難は、その他者との間には、いっさいの相互性・互酬性が成り立たない、ということにある。われわれは、将来世代のために貯蓄し、将来世代に何かを貸しても、その未来の他者は、われわれに何も返してくれない。われわれの「公正さ」の感覚のベースには、対等な相互性があるので、互酬的な関係を切り結ぶことができない、未来の他者、将来世代を社会契約の場に導入することが難しいのである。

しかし、考えてみると、われわれは、過去の世代に対する負債があるのだが、それを過去の世代に返さずに済んでいる。その過去の世代への負債の感覚が、「死者の遺志を受け継がなければ」という義務感のベースになっている。そこで、ロールズは、おそらく次のように考えた。過去の世代からの借金を、将来世代に対して返すようなつもりでふるまってみよ、と。これが、②である。先行世代が私(たち)のためにやってくれてきたようなことを、私たちは将来世代に対してほどこそう、と。先行する全世代が従ってきた原理——その恩恵によって現在の私たちが生存できているような原理——を、私たちも遵守しよう、と。私たちは先行世代に負債を返さずに済んだのだから、将来世代からの見返りがないことを甘受しよう、というわけだ。

これは巧みなアイデアだが、しかし、二つの意味で問題の真の解決にはなっていない。第一に、過去の他者への負債は、未来の他者への負債ではない。Aさんから借りたものを、Bさんに返しても、返したことにはならない。過去の世代との関係を、将来の世代へと転換するのは、ごまかしである。

第二に、過去の世代も、彼ら過去の世代にとってのすべての将来世代——その中には現在の「われわれ」が含まれていることに注意せよ——に対して、何らの負債をも覚えていないということに留意しなくてはならない。ということは、過去の世代は、現在の「われわれ」に対してよいことをしてくれているとは限らない、ということである。つまり、過去の世代が、現在のわれわれが「恩恵」を覚えるような十分な「貸し」を与えてくれるとは限らないだろう。ロールズもそのことを考慮して、「先行する全世代が従ってきたと思う原理」ではなく、「望む原理」としたのだが、過去の世代との関係を将来世代との関係へと転化するためには、われわれ現在世代が、過去の世代が「その原理に従っていてほしかった」と望むだけではなく、「実際に過去の世代がその原理に従っていた」と思えなくてはならない。しかし、実際には、化石燃料の使用についても、原発建設に関しても、過去の全世代が、「われわれ」をその一員として含む、将来世代のことを十分に考えてはくれなかったらしい、ということは明らかだ。われわれが、過去の他者に対してもっている負債を未来への責任として転嫁しようとしても、そもそも、過去からの負債は、無限の未来の他者への責任を基礎づけるほどに大きくはない。

　こうして、ロールズが、もともとのアイデアに付加した改定案は、原発の問題を解決するには不十分であることが明らかになる。

3　灰を被った預言者

ヨーロッパの反応

事実をもう一度、見ることから、考察を再開しよう。本章は、原発事故のすぐ後の日本人の集合的な反応に対する驚きからスタートした。しかし、福島原発事故へのヨーロッパの反応は、まったく逆であった。

最も敏感に、かつ断固たる反応を示したのは、ドイツである。事故からおよそ一〇日しか経ていない時期に、「安全なエネルギー供給のための倫理委員会」が設置された。そして、事故から二か月半ほど経過した五月三〇日には、「二〇二二年までに稼働中の原発すべての停止」を決定したのである。もともと、メルケル首相は、原発に対しては積極的であった。しかし、彼女も、福島原発の事故を見て、宗旨をまったく変えてしまった。

イタリアでは、国民投票によって、原発の建設を断念することを決定した。事故から三か月後のことである。脱原発の支持は、九割を超えていた。あるいは、スイスも、ドイツに続いて、原発の段階的な廃止を閣議決定した。ドイツの隣国であるオーストリアでは、福島の事故よりも前から、憲法で原発は禁止されていた。

ヨーロッパにおける原発推進国の中心は、フランスである。フランスの原発の数は日本よりも多く、電力の八割を原発に依存している。こうした状況を考えると、フランスが完全に脱原発社会になるのは、当分、難しいだろう。しかし、だからといって、(現在の)フランス国民が、原発を熱心に支持していると考えると、大間違いである。福島の事故の後、およそ三か月の時点での世論調査によれば、フランス人のおよそ八割が脱原発を求めている。一五％が、即時に停止すべきだと答え、六割以上の者が、段階的に廃止すべきだと回答した。原発の継続を支持したのは、五分の一程度に過ぎない[5]。

ヨーロッパにとって、日本列島での原発事故は、文字通り「対岸の火事」である。どうして、事故の当事国でもないヨーロッパで、これほど脱原発の意識が高まっているのに、日本ではそれほどではないのか。どうして、ヨーロッパの方が、反応が速く、かつ敏感だったのか。逆であれば、わかりやすい。どうして、ヨーロッパと日本で、このような差異が出たのだろうか。

精密な社会学的実証研究が試みられて、しかるべき主題である。ここでは、検証を抜きにした仮説だけを提起しておく。多くの原発を抱えているフランスでさえも、少なくとも意識の面では、脱原発へと大勢を占めているのだから、こうした心性の違いは、ヨーロッパをヨーロッパたらしめている何かに由来していると考えるべきではないか。そうだとすると、それは何か？（ユダヤ―）キリスト教の伝統をおいてほかにあるまい。

終末論の形式

「時間」に関する意識という観点から、キリスト教を見たとき、その基本的な特徴は、終末論の構成をとっているところにある。来たるべき歴史の最後の日に、神による審判が下され、祝福された者は神の国へと迎え入れられ、呪われた者は永遠の業火の内へと捨てられる。終末の直前には、破局が、キリストと反キリストの間の最終戦争（ハルマゲドン）がある。これが、黙示録的な終末論の設定である。

世俗化された現代社会において、終末論のような特定宗教の教義や世界観が、明示的に政治的な意思決定の理由になることはありえない。だが、教義の内容は還元され、終末論的な態度の形式だけは、近代以降も継承されていると考えることもできるのではないか。実際、マックス・ウェーバーが、「資本主義の精神」の起源に、プロテスタントの予定説——これは最も厳格な終末論的な教義である——を見出したときに、言わんとしたことも、まさにこうしたことである。ここは、本章の冒頭で紹介したルソーの論を想起すべきところである。神義論は、近代社会にあっては、人義論として継承されなくてはならない、というルソーの論を、である。

終末論は、必然的に、歴史の終点とも言うべき、究極の未来から現在を評価する視点を要請する。このように終末に設定された視点は、未来の他者への想像や配慮を含むだろう。ヨーロッパが、脱原発への決断において迅速だったのは、このような終末論的な思考習慣のせいではなかったか。このように推測することができるだろう。

だが、ここからは、一神教の伝統の外部にある社会にとっては、いささか気がめいるような結論が導かれてしまうように思える。すなわち、ユダヤ—キリスト教が数千年をかけて創造し、維持してきた虚構が、態度の内に受肉し、自然化している者でなくては、未来の他者を本気で配慮したり、そのような未来の他者との(想像的な)連帯を果たすことは不可能だ、このような結論が出てきてしまうように思うのだ。

灰を被ったノア

しかし、そんなことはない。手がかりとして、フランスの哲学者ジャン＝ピエール・デュピュイが、ハイデガーの弟子ギュンター・アンデルスから引いている寓話を紹介しておこう。それは、前章の最後に、3・11の「津波」と関係づけながら言及した、「ノアの方舟」をもとに、アンデルスが創作した寓話である。「創世記」のノアの大洪水の物語は、後の黙示文学の中で完成する終末の破局のイメージの先取り——これを神学では「予型《タイプ》」と呼ぶ——のようなところがある。しかし、重要なのは、この寓話が、オリジナルな物語に加えた修正である。それは、次のような話である。[6]

ノアは、毎日毎日、やがてやって来るかもしれない破局について警告しているが、誰もまじめにとりあってくれないので、もう疲れ切っていた。ある日、彼は、古い粗衣を纏い、頭から灰を被った。これは、愛する子どもや妻・夫を亡くし、哀悼する者にだけ許される行為であった。そして、ノアは意を決して、この姿で再び街に行った。すぐに、彼の周りには人だかりができた。人々は、好奇心から口々に質問を始めた。彼らは、ノアに問うた。「誰か亡くなったのですか？」「誰が亡くなったのですか？」と。ノアは、彼らに答えた。「多くの人が亡くなった」と。「しかも」――次の一言が人々の爆笑を買ったのだが――「亡くなったのはほかならぬあなたたちだ」と。ならば、その破局、その災難はいつ起きたのですか、と人が尋ねると、ノアは答えて言った。「明日だ」と。人々は、ますます注目し、そして狼狽し始めたので、ノアはこれに乗ずるようにして、すっくと立ち上がり、語り始めた。明日を過ぎれば、洪水は「すでに起きてしまったこと」になるだろう。洪水がすでに過ぎたものになったときには、今あるすべてのものが決して存在していなかったものになるだろう。洪水が、今あるすべてのものとこれからあったことになるだろうすべてのものを流し去ったときには、それらを思い出すことすら手遅れになる。なぜなら、そのときにはもはや誰もいないからだ。そのときには、死者と悼む者との差異すらもはや存在していなかったことになるだろう。私があなた方の前に来たのは、時間を逆転させるため、明日の死者を今日のうちに悼むためである。明日を過ぎれば、もはや手遅れになるだろう。そう言ってから、ノアは自宅に戻り、衣服を脱ぎ、顔に塗っていた灰を落とし、そして自分の工房に入っていった。晩になると、一人の大工が門を叩き、ノアに言った。「方舟造りを手伝わせてください。あの話が嘘になるように」。もっと遅くなると、今度は屋根ふき職人が来て言った。……

この寓話で、まず留意すべきは、ノアの最初の警告、彼の終末論的な警告は、まったく効果がない、ということである。これは、原発事故の危険性をいくら説いても、誰にも聞いてもらえない状況に似ている。あるいは、このままでは生物が絶滅してしまうと、恐るべき「エンドポイント」を予告しても、誰も行動を起こそうとはしない、という状況を思えばよい。ともあれ、ここで重要なことは、終末論的な預言は、その生のかたちでは、人を動かすような力はない、とアンデルスは見なしている、ということである。

ここで、ノアは不思議な工夫を試みる。彼は「無知のヴェール」ではなく、灰を頭から被る。ノアはいったい何をしているのだろうか。彼は、終末の破局の後の他者を——つまり未来の他者を——ここに、現在に呼び寄せているのである。そうすることで、人は初めて動き出す。

福島第一原発の事故に対する、ヨーロッパ諸国の対応を概観した後で、次のような仮説を提起した。ヨーロッパが脱原発社会へと迅速にシフトしていることには、キリスト教に淵源する終末論の伝統が関係していたのではないか、と。だが、アンデルスが創ったノアの寓話は、さらに一歩踏み込んだことを示唆している。終末論のみではまだ不十分であって、仮に終末論的な形式をとった態度が、未来の他者への配慮を生み出しているのであるとすれば、実は、その態度、その終末論に命を吹き込むような別の体験のレベルがあるのだ。鬼気迫る終末論を活性化させるような「体験のレベル」が、である。

この体験のレベル、終末論の基底にあってそれを支えているレベルは、もはや、終末論についての特定の教義、特定の宗教的な伝統や特殊な内容のイデオロギーとは関係がないのではあるまいか。このレベルにまで遡れば、われわれは、人間の普遍性に触れることができる。そして、ここにこそ、未来の他者への通路が、われわれが未来の他者をまざまざと実感することができる体験のあり方が見出されるのではないか。とりあえず、このような見通しをもって、探究を進めよう。

4　未来の他者は〈ここ〉にいる

カントによる一つの「不可解な謎」

終末論や禍の預言を存立させ、社会的現実の中にしっかりと組み込むことを可能にした根拠、そうしたことを可能にしたメカニズムにまで遡れば、そこには、とりたてて、西洋的でも、ユダヤ－キリスト教的でもない体験の層位を見出すことになる。これが、探究を支える基本的な方針である。

あらためて問いを確認しておこう。いかにして、何者であるかもわからず、何を欲するかもわからず、そもそも存在することになるかすらも定かではない、未来の(未在の)他者に配慮し、彼らと連帯し、われわれの社会的決定の中に、彼らの意志、彼らの存在を組み込むのか? この問いに解答を与えるためには、これまでの発想を大きく変えなくてはならない。

普通、未来の他者や将来世代に配慮すると言うとき、未来の他者の意志や欲望についてあれこれと想像したり、推測したりすることだと考えられている。しかし、こうしたやり方には、二つの問題がある。第一に、想像され、推測された「未来の他者」は、ほんとうに(未来の)他者なのか。それは、自分自身の勝手な投影ではないか。第二に、自分が死んでしまった後の他者を想い、その他者のために自己を犠牲にすることを、いかにして正当化し、人々に納得させるのか。ロールズは、貯蓄原理に根拠を与えることで、この困難に応えようしたのだが、それは失敗に終わった。

ところで、あるところで、カントは、一つの「不可解な謎」として、次のようなことを指摘している。人は、しばしば、その成果として得られる幸福を享受できるのがずっと後世の世代であって、自分自身ではないことがわかっているような骨の折れる仕事にも、営々と従事する。これは不思議なことではないか、と。(7) 確かに、人は、まず自分自身の幸福のために生きているとすると、これは奇妙なことである。しかし、こういう仕事に取り組んでいるとき、人は、自分が生きている間には仕事は完成せず、その「果実」を楽しむのは、自分が死んだ後の者であろうことはよく理解しているが、かといって、自分の本性や自然な欲望に反して、無理やりそうしているわけではない。むしろ、多くの人は、自分がやりたいようにやっているのだが、結果として、専ら後の世代の幸福にしか役立たないことにも熱心に従事するのである。

ロールズの『正義論』は、諸個人は自分の利益や幸福を増進させることを第一義の目的として行動する、という前提に立っている。「無知のヴェール」という無理な設定を課すのは、そうしておけば、「自分の利益のための選択」が、他者の利益と合致するからだ。自己と他者との間の差異が消えているのだから、当然である。しかし、何度も述べたように、これでは、未来の他者にまでは配慮は及ばない。

だが、われわれはカントの洞察に従うべきではないだろうか。つまり、人間には、何らかの制限や禁止などによって作為的に方向づけられなくても、未来の他者へと配慮を向けてしまう本来的な性向があるのではないか、と考えてみるのだ。先に、人は、すでに存在しない他者、つまり死者の意志に縛られる傾向がある、と述べたが、それだけではなく、未来の他者の意志や欲望にも規定される、本源的な傾向があるのではないだろうか。未来の他者への配慮は、自己への配慮の後に付け加わるものではなく、自己への配慮と少なくとも同じ程度には、本来的なのではないか。

だが、どのような意味で、そのように言うことができるのか。つまり、いかなる意味で、未来の他者への配慮が本来的だと言いうるのか。

トカゲは貧しい世界をもつ

ここで思い切った補助線を引いてみよう。それは、ハイデガーの『形而上学の根本諸概念』である。(8) この中で、ハイデガーは、人間と動物(生命)と無生物との関係を、非常に有名な三つのテーゼに要約している。(9)

① 石(無生物的な物)は世界をもたない
② トカゲ(動物)はわずかに世界をもつ——貧しい世界をもつ
③ 人間は世界を作る

人間は世界を作る、というのは次のようなことである。人間は、さまざまな物に対して、それぞれそれを「何ものか」として、それに意味を付与しつつ関わっている。私にとって、これは「ペン」として存在し、あれは「本」として存在している。このように、人間が体験していることの全体は、相互に関係しあっている意味の秩序をなしている。それが、ここで言う「世界」である。人間は、世界を形成している。

石のような無生物に対しては、世界が現れていないことは間違いない。石にとっての世界ということは、ナンセンスである。だから、石は世界をもたない、ということになる。

ここで重要なのは、第二命題である。人間でもなく、ただの物でもない、動物（生物）は、トカゲはどうか。人間と同じ世界をもっているとは言えないが、しかし、石のように世界をもたないとも言えない。それに対して固有の世界が開かれているということ、これこそが、生きているということの意味であろう。それゆえ、トカゲは、不十分で貧しい世界をもつ、とハイデガーは断じた。

しかし、この第二命題は批判されてきた。なぜか。動物自身にとっては、その世界は貧しくもなんともない、と。動物の世界が、貧しいもの、不完全なものと見えるのは、人間の世界を基準とし、人間の世界の側から動物の世界を眺めているからである。動物自身にとっては、勝手に「お前の世界は貧しい」と言われても、それはさっぱりわからない、ということになる。

しかし、ここではあえて、ハイデガーの問題含みの第二命題をそのまま受け取ってみよう。動物自身が、自分の世界の貧しさを知っている、と考えてみるのだ。つまり、トカゲ自身にとって、トカゲ自身の観点に対して、その世界の貧しさが存在している、というわけである。動物は、自分の世界の限界や欠如を承知している。言い換えれば、もっと豊かな世界が欲しい、という希望を抱いている。だが、動物は、自分自身の世界の貧しさを自分が知っていること、あるいは自分が豊かな世界へ渇望をもっていること、そうしたことを自覚していない。つまり、これらのことすべてが動物の無意識だ。

ハイデガーのこの議論が、なぜ、ここでのわれわれの考察にとって有用なのか。ハイデガーの議論の内部では、トカゲ(動物)にとって、人間は「未来の他者」に相当する。もし、トカゲが自分の世界の貧しさに憂鬱な欲求不満を抱いていて、豊かな――人間が形成しているような――世界が欲しいという無意識の希望をもっていると仮定すれば、そこには、未来の他者＝人間への呼びかけが含まれていることになるからだ。人間による世界の形成が、その応答になるような訴えかけが、トカゲの段階ですでに発生している、というわけである。

確かに、このように要約すると、ハイデガーの主張はまったく非科学的で、今日の進化論のアイデアとは整合しないものに思えてくる。そうかもしれない。しかし、人間の歴史においては、まさしく、こうしたことが、つまりハイデガーの第二命題に対応していることが起きているのである。どういうことなのか。

必然的にして偶有的

ここで、前節の最後に紹介した、改訂版のノアの寓話に立ち返ってみよう。ノアが灰を被って人前に立った後、どうして、人々は急に動かされ、大洪水の災害を避けるべく作業を開始したのだろうか。ノアがやったことは、事後の視点、破局後の視点を現在に導入することである。ノアは、破局はすでに終わってしまったかのようにふるまった。それは、未来完了形(フランス語の前未来)の視点である。ここに鍵がある。ポイントは、事後から過去を振り返ると、われわれは、奇妙に矛盾した感覚をもつ、という点である。

第Ⅰ章の最後に述べたことをもう一度、復習しながら考察を進めよう。もともとは、つまり事前の視点からは、破局(大洪水)は、現実的《アクチュアル》なものとは感じられていなかった。だから、ノアの警告に人は耳を貸さなかったのだ。われわれも、原発事故の前には、論理的には事故の可能性があることを知っていたが、それが、ほんとうに起きるとは信じていなかった。だが、その破局が起きてしまえば――つまり破局の事後に立てば――、破局自体が現実的になるだけではなく、破局が、もともと――過去においても――ずっと現実的であって、いつ起きても不思議ではないような仕方でずっと存在していた、ということに気づかされるのであった。事前にあっては、破局は、「実際にはありそうもないこと」として見えていたのに、事後からは、「いつでも起こりうる鬼気迫る可能性」としてずっと存在していたように見えてくるのだ。実際、われわれは今、地震大国の海岸に原発を立地していたのだから……、あるいはあのような古いタイプの問題含みの原子炉を長く使っていた以上は……、大規模な原発事故がいつでも起こりうることとして、ずっと待ち受けていたのを感じているだろう。

このように、事前から事後へと視点をシフトさせたとき、破局のような決定的な出来事の様相が、まったく異なったものに見えてくる。それに伴って、事後の視点には、破局までの過程が、不可避のこととして、つまり必然として見えてくるのである。かつては（事前には）、原発事故は、事実上は起きないことと感じられていたのに、今や、まったく逆に、起きるべくして起きたこととして、宿命だったこととして現れることになる。ノアの洪水も同じである。事後の視点――洪水の後からの視点――には、「あれだけ信仰を蔑ろにしていたのだから、神が怒るのは当然だった」と見えているはずだ。

しかし――ここが肝心なところだが――事後の視点から過去を振り返っているとき、（破局までの）過程は――それが必然だったという現れとはまったく矛盾するかたちで――また別様にも見えている。つまり、過程の中の至るところに、「他なる可能性」や「別の選択肢」もありえた、と見えてくるのだ。その「他なる可能性」や、「別の選択肢」は、破局を回避する過程を指定するものであり、破局までの「宿命」の過程を全体として置き換えてしまうような思い切った道を開くものだ。それゆえ、破局までの過程は、必然であったと見えているにもかかわらず――あるいはそうであればこそ――、同時に、偶有的なもの（他でもありえたこと）としても現れるのだ。たとえば、一九六〇年代の後半に、福島第一原発の建設を決めるとき、マークIという原子炉の安全性について独自に調査していれば、こんな事故は起きなかっただろうに……、もっと高い防波堤を築いておけばよかったのに……等々、と。

つまり、破局までの過程を宿命と見なす事後の視点だけが、同時に、過去の中に、破局を避けうる「他なる可能性」や「別の選択肢」がありうることを、まざまざと見るのである。アンデルスのノアが、事後の視点を導入したとき——つまりすでに洪水は終わってしまったかのようにふるまったとき——、人々が初めて、洪水による災難を回避するための実質的な行動に出たのは、このためである。

過去の憂鬱

さて、ここで疑問である。事後の視点から過去を遡及的に眺めれば、「他なる可能性」があったことが明らかになる、と述べた。その「他なる可能性」は、客観的に過去に存在したのか。それとも、それは、事後の視点が見出す、一種の錯覚、遠近法的な錯覚の産物なのか。つまり、事後の視点が、勝手に、ほんとうは存在していなかった可能性を過去に投影しただけなのか。

無論、その「他なる可能性」は、過去の内に、客観的に実在していたのである。たとえば、われわれが事後になって、より高い堤防を築いておけばよかった、そうすればこんな悲惨な事故に至らずに済んだ、と思うとき、当然のことながら、より高い堤防を建設しうるチャンスや可能性はかつてあったのだ。しかし、「他なる可能性」の存在は、過去には、十分に自覚されなかった。「高い堤防の建設」は、切迫した緊急の要請であるとは自覚されていなかった。

こう考えると、「過去」というもののあり方が、ハイデガーのトカゲといささか似ていることに気づくだろう。(ハイデガーによると)トカゲは、自分自身の世界の貧しさを知っている。同様に、過去もまた、自分自身が、「他なる可能性」を実現できずにいることを、その意味では、自分が不十分で貧しいことを、知っている。

しかし、繰り返せば、過去は、自分がその「他なる可能性を知っている」というそのこと自体を、自覚していない。したがって、その「他なる可能性を知っている」という事実は、自分自身では説明できない憂鬱のようなものとして存在することになる。たとえば、「もっと高い堤防を築かなければ」という無意識の認識は、漠然とした不安——そうしなければならないことがわかっているのに実際には果たされていないことを原因とする不安——という形式で、存在していたのだ。

過去において無意識のうちに知られている「他なる可能性」——事後の視点からのみ初めて明示的に自覚される可能性——は、(過去にとっての)未来への、連帯の呼びかけのようなものと見なすことができる。というのも、その「他なる可能性」としての行動や態度や生活様式が現実化していたならば、未来における破局は、避けられていたはずだからである。つまりその「他なる可能性」とは、未来を救済しえた選択肢である。

したがって、過去が漠然と感じていた憂鬱や不安は、「まだ救われていない」ということについての実感である。言い換えれば、そうした憂鬱や不安の裏面には、未来において「救われるかもしれない」ということへの予感や希望が貼りついている、と解すべきであろう。

フェリーニの『サテリコン』

こうしたアイデアにイメージを与える事例として、フェデリコ・フェリーニ監督の映画『サテリコン Satyricon』（一九六九年）を取り上げてみよう。これは、キリスト教登場の直前のローマを描いた映画である。フェリーニは、熱心なクリスチャンとして、キリスト教的な贖罪の概念が知られる前の世界を描こうとした、と自ら語っている。ローマは、すでに繁栄と爛熟の極致にある。人々は、あらゆる快楽をほしいままにしている。多様な食物を好きなだけ摂ることができ、あらゆる倒錯的な性欲が満たされている。しかし、人々は、ほんとうには幸せではない。全編を貫く基調的な感情は、悲哀と憂鬱である。

人々は、自分たちが少し早く生まれ過ぎたことを、無意識のうちに知っているのである。神の子による贖罪が実現して、人間が救済されることになる、その少し前に生まれてしまったがために、自分たちは救済されそこなっていることをどこかで知っているのだ。救済が実現されないこの世界に閉じ込められていることからくる息苦しさを、すべての登場人物は感じている。

別の言い方をすれば、人々は、みな解放と救済へのひそかな希望をもっている。爛熟と繁栄の真っただ中にあって、なお未来において実現されるべき救済への希望をもっている。その救済は、実際には実現されない、「他なる可能性」である。だから、この映画には、キリストや福音書の先取り的なパロディのようなものがたくさん詰め込まれている。

たとえば、主人公たちは、「神の子」と呼ばれている両性具有の子どもがいて、癒しの呪力をもつこの子どもを皆があがめているのを知る。そこで、彼らは一儲けしてやろうと、神の子を怪しげな教団から奪い、洞窟から連れ出すのだが、日光に当たったことがない神の子は、あえなく死んでしまう。われわれの観点、キリスト以後に属するわれわれの観点からすると、これが「キリスト」の隠喩——あるいは偽物の「キリスト」——であることがすぐにわかる。しかし、いまだキリストの到来を見ていない主人公たちは、それを自覚してはいない。しかし、彼らは、キリストへの渇望、キリストによる救済への希望を、自分ではそれと気づくことなく、もっているのである。表面的には——そして当事者自身の意識の上でも——、彼らの心を支配しているのは、金儲けへのつまらぬ欲望だが、無意識のうちに彼らの行動を支配しているのは、救済への願望だ。

もう一つ、中から例を出しておこう。映画の結末はこうである。もともと貧乏だった詩人が、大金持ちになって死ぬ。この詩人は、主人公がかつて助けたことがある男である。詩人は、彼の死体を食した者に、その莫大な遺産を分け与える、という奇妙な遺言を残して死ぬ。おそらく、主人公たちは、金欲しさに、人肉食をするだろう、という予感とともに映画は閉じる。この詩人もまた、キリストのパロディである。福音を述べ伝え、そして、「これは私の血だ」「私の肉だ」と言って、弟子たちにブドウ酒を飲ませ、パンを食べさせたキリストのパロディである。金への欲望という卑俗な現象形態をとりながら、そこには、根源的な救済への希望が、同時に――満たされなかったという否定的な形式で――宿っているのだ。だから、われわれは、遺産に群れる彼らを単に嘲笑するだけではだめである。

一八四八年のプロレタリア革命

『サテリコン』はフィクションなので、史実の中からも例を引いておこう。ドイツ社会思想史の良知力が、一八四八年のドイツ革命を論じた『向う岸からの世界史』という研究書をとりあげたい[10]。一八四八年二月にパリで始まった革命――のちに「二月革命」と呼ばれる革命――は、ほどなくして、ウィーンやベルリンなどドイツ語圏にも飛び火した。こちらは、「三月革命」などと呼ばれることもある。良知の研究は、この三月革命の性格づけに関するものである。

通説では、ドイツのこの一八四八年革命は、市民意識に目覚めたドイツ人によるブルジョワ革命である。前近代的な絶対王政から、立憲君主制に代表されるような民主主義への移行が図られた、というわけである。

だが、良知は、革命の紛争には、「市民(ブルジョワ)」だけではなく、それ以上に「下民(ゲジンデル)」などと呼ばれることもあったプロレタリアートが関わっていたことを、いくつもの事実から発見する。しかも、そのプロレタリアートの大多数は、ドイツ人ではなく、クロアチア人、マジャール人、チェク人等の非ドイツ系の民族だった。良知は、通説を斥け、四八年革命は、ブルジョワ革命であるだけではなく——あるいはブルジョワ革命であることにおいて——すでに潜在的にはプロレタリア革命だった、と結論した。

ここで、われわれとして理解しておかなくてはならない重要なことは、非ドイツ系の少数民族やプロレタリアートは、反革命側からはもちろんのこと、革命側からも徹底的に蔑まれていたということである。当時、エンゲルスが使った言葉に「歴史なき民」という語がある。「歴史なき民」とは、文明の発展をもたらした世界史に何の貢献もしなかった民族という意味であり、エンゲルスは、非西欧のすべての民族、とりわけ東欧の諸民族を指して、この蔑称を使っている。社会主義革命を唱えていたエンゲルスの目から見ても、スラブ系プロレタリアートは役立たずだったのである。

良知は、革命のさなかに書かれた、ある印刷工の文章を引用している。印刷工は、当時は、特権に恵まれたエリート労働者である。その文章の中で、印刷工は、一般の労働者が、いかに無教養で、下品で、ことの本質を理解していないかを批判し、そうした下層の労働者に対して、自分たちが「大学教授」のような指導的な地位に立たなくてはならない、と語っている。この印刷工と下民とされた下層労働者の関係は、今日で言えば、東電のエリート社員と「原発ジプシー」の関係に比せられるだろう[11]。

実際、この印刷工の手紙やエンゲルスの言葉にも示されているように、当時のプロレタリアートは、つまらないことに執着したり、誤った判断をしたり、ときにははした金に目がくらんで反革命軍に参加し、自分自身の利益に反する行動さえもとっていただろう。だが、それでも、良知は、彼らの無知な行動の中に、プロレタリアートの一般的な解放へのユートピア的な願望が隠れていることを見逃さない。『サテリコン』の主人公たちの、性や金銭への世俗的な欲望の背後に、キリストによる贖罪への希望があったのと同じである。

しかし、プロレタリアートたちのユートピア的願望は無意識のものであって、当時の人々には、十分に自覚されていない。エンゲルスのような、プロレタリアートの味方を自認していた人でさえも、気づいていない。それどころか、プロレタリア自身が自覚していない。だから、それは欲求不満や不可解な不安として現れ、彼らが「誤った行動」に——つまりプロレタリアートの無意識の願望の実現にとってはマイナスの意味しかもたない行動に——走る原因にもなっている。良知だけが、まさに事後の視点を有する個性的な研究者——そしておそらく自分自身プロレタリアートの心情をもった研究者——が、そうした「誤った行動」の背後に、満たされなかった願望を、未来における解放への願望を自覚的に取り出すことができたのである。

未来の他者はどこにいるのか

未来の他者といかにして連帯できるのか？　未来の他者をも考慮に入れた正義は可能なのか？　以上の考察が含意している回答は、「それは可能だ」というものである。それは原理的には可能なはずだ。どうしてそんなことが言えるのか？

未来の他者は、ここに、現在に——否定的な形で——存在しているからである。たとえば、現在、われわれは、充足していると思っているとしよう。爛熟期のローマのように、享楽的な社会の中にいるとしよう。しかし、同時に、「現在のわれわれ」は、説明しがたい悲しみや憂鬱、言い換えれば、この閉塞から逃れたいという渇望をもっているだろう。

その悲しみや憂鬱、あるいは渇望こそが、未来の他者の現在への反響——未来の他者の方から初めて対自化できる心情——なのであり、もっと端的に言ってしまえば、未来の他者の現在における存在の仕方なのだ。もし、われわれが、その心情に応じて行動したならば、それは、結果的に未来の他者と連帯したことになるはずだ。なぜならば、その心情に応じた行動とは、未来の他者を救済する行動でもあるからだ。

これら否定的な感情は、未来において破局が回避され、救済が実現したであろうような立場から現在を見返したときに、まさに現在に「それらがあった」ということが確認されるような可能性に対応している。だから、その可能性を現実にすることは、未来の他者の救済であり、未来の他者との連帯なのである。

しかし、同時に、本章の考察は、次のような教訓も残している。現在そのものの内に散在している、その未来の他者への関係、本節で「他なる可能性」という語で表現してきたものを取り出し、それとして自覚するためには、工夫が必要だということ、これである。それは、確かに存在しているが、意識はされていない。一般には、後から発見されるだけだ。いかにして、それを現在の内に発見し、具体的な行動へと繋げることができるのだろうか。

（1）ジョン・ロールズ『正義論　改訂版』川本隆史ほか訳、紀伊國屋書店、二〇一〇年。
（2）中西準子『環境リスク論——技術論からみた政策提言』岩波書店、一九九五年。
（3）ロールズの苦労と工夫の経緯は、以下の論文が手際よくまとめている。西川純司「ロールズ正義論の「救済」」『3・11後の思想家25』大澤真幸編、左右社、二〇一二年。
（4）ロールズ最晩年の次の著作を見よ。『公正としての正義　再説』田中成明ほか訳、岩波書店、二〇〇四年。
（5）週刊紙 *Le Journal du Dimanche*、二〇一一年六月五日付。
（6）ジャン＝ピエール・デュピュイ『ツナミの小形而上学』嶋崎正樹訳、岩波書店、二〇一一年。
（7）イマヌエル・カント「世界公民的見地における一般史の構想」『啓蒙とは何か』篠田英雄訳、

岩波文庫、一九七四年。
（8）『形而上学の根本諸概念』（ハイデッガー全集　第二九／三〇巻）、川原栄峰ほか訳、創文社、一九九八年。
（9）『形而上学の根本諸概念』のこれらのテーゼの解釈に関して、私は、ジャック・デリダ、東浩紀、あるいはスラヴォイ・ジジェクらによる、このテーゼに対する批判的（脱構築的）読解に多くを依存している。また、このすぐ後で言及する『サテリコン』への示唆に関して、私はジジェクの論からヒントを得た。Jacques Derrida, *L'animal que je suis*, Galilée, 2006. 東浩紀「想像界と動物的通路――形式化のデリダ的諸問題」『表象――構造と出来事（表象のディスクール第一巻）』小林康夫ほか編、東京大学出版会、二〇〇〇年。Slavoj Zizek, *The Fragile Absolute, or Why Christian Legacy is worth fighting for*, Verso, 2000.
（10）良知力『向う岸からの世界史――一つの四八年革命史』未来社、一九七九年。
（11）「原発ジプシー」は、原発の保全を業務とする企業の下請会社に一時的に雇われて、点検業務にあたる労働者を指す隠語である。彼らは、被曝の恐れのある最も危険な仕事に従事する。一とところに留まらず、定期検査中の日本各地の原発の間を渡り歩くために、「ジプシー」の隠喩で呼ばれた。彼らの実態は、堀江邦夫の次のノンフィクションによって広く知られるようになった。『原発ジプシー』現代書館、一九七九年。

IV　神の国はあなたたちの中に

1　神の国はどこにある――いまだ／すでに

「神の国はあなたたちの中にある」

3・11の大震災がきっかけとなって始まった、東京電力福島第一原子力発電所の悲惨な事故には、神学的な意義とでも呼ぶべきものがある。そのことを説明するために、本章の冒頭で、イエス・キリストの言動について、いささか解説しておきたい。

「マルコによる福音書」によれば、イエスの活動の開始を告げる言明は、「悔い改めよ、神の国は近づいた」という宣言である。しかし、今日の新約聖書学の通説に従えば、この宣言はイエス自身の言葉ではなく、イエスの死後、原始キリスト教団がイエスの思想を要約するものとして創作した表現である。新約聖書学者の田川建三は、さらに通説よりも一歩踏み込んで、この言葉はイエスの思想の要約としても正確ではなく、むしろ、イエスに先立って活動し、民衆的な人気もあったヨハネの思想を表明したもので、マルコ福音書の著者は、これをイエスの言葉として記したのだと、結論している。(1) 無論、ヨハネとイエスは無関係ではない。イエス自身も、ヨハネの運動に参加していたことがあり、彼は、ヨハネから洗礼を受けているからである。

「神の国は近づいた」がヨハネの――そして原始キリスト教団の――思想を要約したものだとすると、イエス自身は、ほんとうはどのように考え、行動していたのか？　イエスは、「神の国」についてどのような思想をもっていたのか？　イエスの思想を要約する言明は、どのようなものになるのだろうか？

実は、「神の国」にばかり注目してイエスの思想を理解すべきではないのだが、神の国との距離関係についてのイエスの思想、ヨハネの宣言に対応するイエスの思想は、「ルカによる福音書」(17章21節)に記されている。「神の国はあなたたちの中にある」と。「中に」の意味をどのようにとるかによって、この言明の解釈は多様なものに分かれうる。田川建三は、「決定的な答」としてA・リュストフの論文を紹介している。それによれば、たとえば「矢の中」と言えば、矢が届く範囲、矢の射程距離内という意味になる。したがって、イエスの言明は、神の国はあなたたちの手が届く範囲にある、という意味になる。[2] このように解釈を定めると、ヨハネとイエスとの相違が明確なものになる。

「近づいた」(ヨハネ)ということは、神の国にまだ到着していない、ということである。「あなたたちの中に〔あなたたちの手の届く範囲に〕」(イエス)ということは、神の国にすでに到着しているということを意味する。決定的な出来事を基準にして、ヨハネとイエスの相違は、「いまだ／すでに」の二項対立に対応している。問題は、このように認識の相違が、実践に関して、どのように違いをもたらすか、である。

洗礼者ヨハネとイエス

洗礼者ヨハネは、人里離れた荒野で、極端な禁欲生活を送った。神の国が近づいているので、悔い改めを禁欲生活によって示さなくてはならなかったのである。イエスは逆に、町や村の人々の中に入って行き、そこで供応を受けた。イエスは、次のように述べている。

すなわち、洗礼者ヨハネが来て、パンを食ったり葡萄酒を飲んだりしなかった。すると、悪霊に憑かれている、などと言う。人の子が来たって、食ったり飲んだりした。すると、見よ、大食いの酒飲みだ、取税人の仲間、罪人の仲間だ、と言う。(3)

イエスの一行が、裕福で飽食していたとは思えないが、彼らは、「大食い」とか「酒飲み」とかと悪口を言われるほどに、客人としての招きを受けていたのである。どうして、他人からの歓待に積極的に応じるのか、という弟子の質問に、イエスは、こう答えている。「花婿が一緒にいるのに、婚礼の客は断食できるだろうか」と。ここで、神の国が「婚礼の場」に喩えられているのである。ヨハネは、神の国がまだ来ていない(近づいている)から、禁欲生活を送り、イエスは、神の国の中にすでに入っているから、祝宴を愉しんでいるのだ。

「食」をめぐる洗礼者ヨハネとイエスのこうした相違と並行した対照を、「性」に対する両者の見解にも見出すことができる。洗礼者ヨハネが殺されたのは、彼が、ガリラヤ領主ヘロデ・アンティパスの乱れた男女関係を公然と批判したからである（アンティパスは、自身妻をもつ身でありながら、他人〔自分の異母兄弟〕の妻を横取りした）。ヨハネは、性に関しても、厳格な禁欲主義を支持したのだ。だが、イエスだったら、アンティパスの私的な恋愛関係の縺れなど、取るに足らないこととして、いささかも問題にしなかっただろう。

中世のキリスト教が性を敵視したので、イエスが、性や性欲を否定的なものと見なしていたかのように誤解している人がいるが、イエスの言動の中に、性をタブー視するようなものは一つも含まれてはいない。むしろイエスは、ヨハネとは違って、性に関しても寛容だったと推測できる。そのような推測の根拠となるのは、たとえば、「ベタニヤの香油注ぎ」として知られている出来事である。福音書に記されたこの出来事は、想像してみると、非常に官能的である。女が、高価な香油をイエスの足に塗り、自分の髪の毛でそれを拭い取っているのだから。

革命家イエス・キリスト

ヨハネは、言語的には過激だが、しかし、世俗の社会から撤退して隠者のような生活を送っていたので、行動面では――言葉に比して――消極的であった。確かに、彼はヘロデ・アンティパスの性的な乱脈を非難したが、このときも、彼がヘロデのところに押しかけて行って公然と批判したわけではない。ヨハネによる非難を噂として聞きつけたヘロデが、ヨハネを捕らえたのである。ヨハネは、むしろ、社会の外部に身を置いていた。

それに対して、イエスは社会に積極的に介入した。彼は、行動においても過激だったのだ。大工の子であるところのイエスがなしたことは、当時のパレスチナ社会の権力構造、支配体制に対する実践的な批判、徹底した反抗である。無論、権力構造や支配体制を構成している要因は、多様であり、イエスの反抗も、それら多様な要因に向けられている。しかし、当時の社会の最下層の民衆の生をこと細かく支配していた究極の原因、それは、ユダヤ教の律法であった。かくして、イエスの反抗の究極の目標は、ユダヤ教そのものにならざるをえなかった。イエスがなしたこと、それは、ユダヤ教の律法によって支えられていた社会に対する、一種の革命である。

イエスの実践的批判の徹底ぶりを知ることができる例を、一つだけ紹介しておこう。「宮潔め」として知られている事件がある。あるときイエスは、神殿の境内の中に入ると、いきなり、そこで商売をしている者たちを追い出し、両替人や鳩売りの机・座席等をひっくり返した(「マルコによる福音書」11章15節以下)。イエスは、神殿での商業活動に強い反感をもっていたのだ。

この大胆な反抗においてイエスが何を直観していたかを知るには、当時の社会構造の中で、神殿がどのような意味を担っていたかを再確認しておく必要がある。神殿は、単なる礼拝の場所ではない。神殿こそが、政治権力の中枢であり、かつ経済的支配の中心だったのである。政治権力の中枢であったというのは、そこが、サンヘドリン（最高法院＝市議会）の座だったからである。サンヘドリンは、祭儀を仕切っただけではない。それは、サマリア（ユダヤ）地方の共同体の政治的意思決定の実質的な最高機関だったのだ。ユダヤは、当時、ローマ帝国に形式的には包摂されていたが、ローマ帝国は、内政上の問題に関しては、これをすべて地元の有力者に委ねていたので、サンヘドリンの権力は絶大であった。

より重要なのは、神殿が、経済活動の中心でもあったということである。神殿に集まってくる富が、神殿に依拠している貴族の権力を支えていた。まず、毎年、神殿税が徴収された。神殿税は、パレスチナに住んでいようがいまいが関係なく、すべてのユダヤ人に課せられた。神殿にとって、税よりも大きな収入源は、「献納」、収穫物の一〇分の一にあたる献納であった。犠牲として捧げられた獣の肉は、食肉として売られ、神殿の収益となっていた。要するに、神殿は、ユダヤ人たちの富の再分配機構の中心を占めていたのである。

イエスが暴力的に排除しようとした、神殿境内の商業活動は、この再分配機構を円滑に作動させるために不可欠な潤滑油であった。この点を、田川建三が明快に解説している。境内は、

「異邦人の庭」とも呼ばれており、多くの異邦人の商人が店を連ねていた。なぜ、ここでの商売が繁盛したのか？　参詣者の多くが、献納物を、境内で購入したからである。献納物を境内で購入すれば、重い献納物を遠くから運んでくる労苦を省くことができたのだ。とりわけ、鳩は、律法で定められた献納物の代用品として使えたので、よく売れただろう。④

それゆえ、イエスの宮潔めは、ユダヤ教によって正当化されていた政治的・経済的な支配構造の心臓部に打撃を与えていたことになる。だから、イエスはまさに革命家であった。無論、イエスは、支配・権力構造を社会科学的に分析した上でそうしたわけではない。当時のパレスチナを生き、神殿の実情を知っていた人間の直観によって、神殿、とりわけその膝元での商業活動の枢要な意味を見抜いていただけである。

さて、ここで問題は、なぜ、イエスが、とりわけイエスのみが、当時の支配・権力構造の基底部への根底的な反抗をなしえたのか、である。一見したところ、イエスとさして異ならない思想を抱いていたように見える洗礼者ヨハネは、イエスほどに徹底した革命家ではなかった――というよりむしろ社会の外部に退いていた。違いはどこから来るのだろうか？　とりあえず、こうした問いだけ銘記した上で、考察を進めよう。われわれの興味の中心は、原子力発電所にある。

2　究極のノンアルコール・ビール

虚構の時代の原子力

原発の問題を論ずるにあたって、どうして、二千年も前のイエス・キリストの思想と実践について紹介することから始めたのか。その理由は、第Ⅱ章に記されている。日本の戦後史の中で、原子力は、事実上、神のように信仰されていたからである。

その信仰の形式は、私が「理想の時代」と呼んでいる一九七〇年代序盤までと、それ以降とでは、いささか異なってはいる。七〇年代中盤以降の原子力への傾倒は、「アイロニカルな没入」の形式をとるため、一見、「信仰」としての体裁が後景に退く。つまり、われわれは、自分が信仰しているという事実自体を自覚しない。しかし、アイロニカルな没入も、信仰の一形態である。日本列島に、年平均二基というものすごいペースで原発が建設されたのは、この時期、つまり七〇年代後半から二〇世紀末までの時期である。この時期は、「虚構の時代」(一九七〇―一九九五年)とちょうど重なっている。

だが、原発の建設ラッシュが、虚構の時代のことであったとすると、疑問も生ずる。虚構の時代の象徴を挙げるとすると、一九八三年に開園した東京ディズニーランドである。東京ディズニーランドは、まさに閉じられた虚構の空間であり、そこでは、恋も冒険も安全である。こうしたものの対極にあるのが、原発ではないか。

原発は、一見、虚構の時代には相応しくない。原子力や放射能は、現実の、生の暴力やそれに対する恐怖と直結しているからである。ここで、われわれは、もう一度、第Ⅱ章で提起した疑問にぶつかる。日本の戦後の原点には、原子力への恐怖があったと言っても過言ではない。一方で、日本人は、その恐怖から、原子力を力いっぱい批判し、遠ざけ、排除しようとしてきた。しかし、他方で、日本人は、原子力に魅了されてもいる。

第Ⅱ章でも論じたように、二つのアスペクトは背反しているようで、実際には通底している。つまり、原子力の魅力が、恐怖の原泉となるその破壊的な潜勢力と結びついている。原爆を連想させる恐怖と、原子力の平和利用に熱狂し、結局は、戦後の数十年間で五〇にも上る原子炉を建設してきた日本人の欲望とは、地続きである。

とはいえ、このつながりには、ひとつのひねりが入っている。それは、虚構の時代に実にふさわしいひねりであり、また自分で自分を欺くようなひねりである。その「ひねり」によって、原子力発電所は、究極のノンアルコール・ビールになった——厳密にはノンアルコール・ビールとして扱われた——のである。少し説明しよう。難しいことではない。

○○抜きの○○

同じ対象がポジティヴな魅力や価値と、危険や害悪をもたらしうる否定的な潜勢力とを同時にもっている。こういうことは、非常に一般的である。このとき、人はどのように、こうした両義的対象に対応するのか。何とか、対象から、危険をもたらす否定的な部分を除去し、快楽をもたらすポジティヴな価値だけを純化して、抽出しようとするのだ。

そうした努力の産物の典型が、ノンアルコール・ビール、つまりアルコールのないアルコールではないか。多くの人は酒が好きだ。酒は、快楽をもたらす。しかし、同時に、酒の飲み過ぎは危険である。このときどうすればよいのか。酒から危険な要素だけを取り出して、排除してしまえばよいのだ。そうして、酒の「善いところ」「快楽をもたらすところ」だけを残せばよい。かくして、アルコールがないアルコール、たとえばノンアルコール・ビールが造られる。

この危険な要素だけを引き算して、快楽をもたらす善い部分だけを純化した対象は、現代社会の特徴で、至るところに見出すことができる。他に例を挙げれば、カフェイン抜きのコーヒーとか、脂肪抜きのクリームやミルク、等があるだろう⑤。

もう一つ、極端な例を挙げるとすれば、セックスの領域にそれがある。セックスは、もちろん、人間にとって最大の快楽の原泉である。しかし、セックスは、さまざまな危険とも隣接している。セックスには、暴力とよく似た側面がある。他者の身体への暴力的な侵入に近いものがある。また別の面では、セックスは、性病やエイズの感染にもつながりうる。セックスにともなう極端な興奮は、心臓への負担をはじめとする健康への害をともないうる。こうした危険性をすべて除去したセックスは、「セーフティ・セックス」と呼ばれ、奨励されている。

セーフティ・セックスのアイデアをさらに徹底させれば、どうなるのか。セックスにともなうあらゆる危険から逃れたセックスはどこにあるのか。そうした追求は、ヴァーチャルな領域やサイバースペースの中でのセックスというものに到達するだろう。たとえば、美少女ゲームは、セーフティ・セックスの最終的なヴァージョンではないだろうか。

このような危険な要素を除去した対象は、「いいとこ取り」のたいへんけっこうなものに思える。しかし、これには、決定的な問題がある。「いいとこ」つまり快楽をもたらす要素だけを取り出そうとすると、結局、その「いいとこ」をも失うのである。対象の危険な要素を除去すると、その対象のまさにその対象たる所以が消えてしまう。危険をもたらす要素と快楽をもたらす要素とは、結局、まったく同じものだからである。前者を捨て、後者だけを残すことは不可能なのだ。

たとえば、絶対に安全なセックスはたいへん望ましいように思えるかもしれないが、それは、セックスの興奮や快楽とは無縁なセックスだということになる。そんなセックスを、どうしてする必要があるのだろうか。絶対に酔わないアルコールは、いくらでも飲めるからよいように思えるが、それならば、なぜ飲まなくてはならないのか。脂肪のこってりとした感じをもたないクリームを、どうして食べる必要があるのだろうか。

原子力の平和利用

このように論を進めてくれば、趣旨は明らかだろう。「原子力の平和利用」というスローガンは、ノンアルコール・ビールを連想させずにはおかない。原子力は、危険である。その危険性は、半端ではない。なにしろ、それによって人類や生態系そのものが破壊されてしまう恐れすらあるのだから。その危険な部分をすべて除去して、安全なだけの原子力を作ろう。その産物が原子力発電所である。

原子力の平和利用ということを最初に謳ったのは、アイゼンハワー米大統領である。彼は、一九五三年の国連総会の演説で、アメリカが、それまで最高の機密事項であった原子力に関する技術を、平和利用のために公開し、他国に提供する用意があるということを表明した。それは、もちろん、経済的な利益や、そして何より冷戦の政治的・軍事的な緊張に規定された判断であった。第Ⅱ章に述べたように、日本でも、一九五四年に初めて、中曽根康弘の努力によって原子力関連の予算が計上されるが、これは、アメリカのこうした方針転換に呼応した選択であった。

原子力発電所は安全だ、という主張は、これはビール（原子力爆弾）ではなく、ノンアルコール・ビール（原子力発電所）だから、いくら飲んでも酔っぱらうことはない、飲酒運転の事故につながる恐れもない、と主張しているのに似ている。だが、原発はほんとうにノンアルコール・ビールなのか？

そうではないことを、3・11の原発事故を目撃した者は、誰でも知っている。ノンアルコール・ビールを飲んだつもりなのに、酔っぱらって自動車事故を起こし、人を殺してしまったようなものだ。そのとき、人は、あれはほんとうは「ノンアルコール」ではなかった、あれにはアルコールが含まれていた、と知るのである。いかに薄められても、ビールはビールである。原発とは、要するに、核分裂反応によって生ずるエネルギーによって発電する技術である。これは、いくら言いくるめようが、原子力爆弾と原理的に同じものである。確かに、ほんとうにノンアルコールならば、いくら飲んでも酔うことはない。しかし、そんなものは、そもそも、飲む必要もないのではないか。言い換えれば、「それ」を飲むと、酔うことによる快楽が得られるのだとすれば、「それ」はノンアルコールではない。原発についても同じである。もし、発電ができているのだとすれば、それが原子力爆弾と同じものだからである。

3　江夏豊のあの「一球」

軽率な導入

しかし、実際には、日本人は、原発をノンアルコール・ビールとして扱ってきた。このことを示す事実は、いくらでも挙げることができるだろう。一つだけ指摘しておこう。

事故を起こした福島第一原発の原子炉は、マークⅠと呼ばれるタイプで、もともと、アメリカのジェネラル・エレクトリック(GE)社によって考案されたものである。GE社の助けを借りて、福島県浜通りに最初のマークⅠの建設が始まったのは、マークⅠが発案されてからわずか二年後の一九六七年であった。このとき、マークⅠは、アメリカでもまだ一つも営業運転を開始していなかった。つまり、日本は、あるいは東京電力は、マークⅠの安全性が実地で示される前に、導入を決定しているのである。

アメリカで建設中のマークⅠは、すべて、アメリカ東部にあった。そこは、地震がほとんどない地域である。日本よりはるかに安全な場所に立地されたマークⅠの運転すら確認する前に、地震頻発地域である日本にわざわざ導入するのは、あまりの暴挙と言うほかない。

マークⅠは、その後一九七六年になって、設計に関わった技術者自身によって、その危険性が指摘された。彼らは、マークⅠは、ただちに廃炉にすべきだと主張し、アメリカでは、非常に大きな社会的な論議を呼び、ついに議会で公聴会が開かれるまでになった。日本の技術者や専門家は、もちろん、これらの事実を知ってはいただろうが(知らなかったとすればもっと問題だが、そんなことはないだろう)、しかし、日本で危機感が高まることはなかった。彼らは、知ってはいたが、どこか本気にはとらなかった[6]──信じてはいなかったのである。信と知との間の乖離を示す、典型的な状況である。

これは、「他の原発の原子炉はマークⅠのような古いタイプではないからだいじょうぶ」という問題ではない。マークⅠを導入したときの日本側の決断が軽率なものだったことは、大規模な事故が起きた後である今だからこそ、明らかになったのである。同じような軽率さや無謀さは、まだ露見していないだけで、原発に関連した行動や判断の至るところに潜在しているはずだ。その原因は、原発を「ノンアルコール・ビール」として扱っていることにこそある。

日本人は、一方では、原発が、きわめて度数の高い「アルコール」であることを知りつつ、他方で、これをノンアルコール飲料のように扱った。そのため、核実験が行われるたびに、声高にこれを非難しながら、せっせと原子炉を建設し続けることの矛盾に気づかなかったのである(第Ⅱ章で引用したウルリッヒ・ベックの疑問を想起されたい)。日本の原子炉の数は、アメリカ、フランスに次いで、世界第三位である。しかし、外部の第三者から見ると、これは、たいへん不可解な行動だ。

江夏豊の一九球目

ビールをノンアルコール・ビールと言いくるめ、ごまかしてきたこと——とりわけ自分自身を騙してきたこと——の結果は、3・11の事故のような圧倒的な例外状況の中でこそ露呈する。このことを、一つの比喩によって説明してみよう。ここで比喩として引照されることがらもまた、現実の出来事、——しかもいささか意外に思われるかもしれないが——日本のプロ野球の中で実際にあった出来事である。

プロ野球史の中で、「江夏の21球」の名で知られている出来事がある。「江夏の21球」とは、一九七九年の日本シリーズ「広島―近鉄」の最終第七戦の最終回の裏、当時広島の抑えの切札だった江夏豊投手が、自ら無死満塁のピンチを招きながら、それを無失点で抑えるまでに投じた二一球のことである。これは、山際淳司の有名なエッセイによって知られるようになり、さらに、後にテレビ番組(「NHK特集」)にもなった。

この年の日本シリーズは、「内弁慶シリーズ」と呼ばれ、第六戦まで、互いにホームでのみ勝利したため三勝三敗で最終第七戦を迎えていた。第七戦も接戦になったが、一点リードしていた広島の古葉竹識監督は、七回途中から、切り札のエース江夏をマウンドに送った。七回と八回は、江夏は難なく切り抜けた。しかし、九回、江夏は、ヒットと四球で、無死満塁にしてしまった。リードは一点しかないので、これは最大のピンチである。しかし、江夏は、相手に一点も与えず、広島を日本一に導いた。この九回に投じた球数が、二一である。その二一球の中で最も驚くべき一球は、江夏の第一九球目である。

このとき、江夏は、すでに一死を三振によって取っており、近鉄の打者は石渡茂だった。つまり、一死満塁の状況だったことになる。問題の一九球目は、石渡に対する二球目にあたる。それは、石渡のスクイズを外すウエストボール(打者のバットが届かないように意図的に投じられた完全なボール球)だった。なぜ、このウエストボールが驚くべきものなのか。このウエストボールはカーヴだったのだ。ということは、何を意味しているのか。

わざわざウエストボールを変化球で投げる投手はいない。ということは、江夏は、投球動作に入ったときには、まだウエストボールを投げるつもりはなかったということである。江夏は、投球の途中で、つまりボールをリリースする直前に、ウエストボールに切り替えたのである。捕手の水沼四郎は、これはほとんど考えられない、奇跡のような技巧であると述べている。結局、このスクイズの失敗で三塁走者が憤死し、その後、気落ちした石渡も三振してしまい、近鉄は敗北した。

「一球」に対するさまざまな解釈

興味深いのは、この「一球」に対する解釈が、関係者によってさまざまに分かれていることである。江夏当人は、次ように証言している。江夏を含め、広島側の誰もが、石渡がどこかでスクイズを仕掛けてくる可能性があることはわかっていたが、江夏は、近鉄側がこのときにスクイズで来るとは思っていなかった。江夏は、どの瞬間にスクイズであることを知ったのか? 江夏の証言によれば、彼は、プロ入り三年目に、先輩の大投手金田正一の教示で、腕を投げ下ろす瞬間に打者を見る技術を習得していた。このときも、腕を投げ下ろしつつ石渡を見ると、彼がスクイズをしようとバットをかすかに動かしたのが目に入った、と江夏は語っている。しかし、この瞬間からボールがリリースされるまでは、〇・一秒にも満たない時間しかないのだから、ウエストボールへの切り替えは、まことに驚異的である。

だから、打者の石渡の方は、次のように言っている。カーヴを投げようとしていた投手が、投球の途中でそれをウエストボールに切り替えるなどということはとうていできるはずがないのだから、あれはただのすっぽ抜けだったのだろう、と。つまり、彼の考えでは、江夏はただ運がよかっただけである。無論、これは凡庸なプレーヤーの負け惜しみに過ぎない。

石渡と対照的なのは、当時の広島監督の古葉の見解である。古葉は、あれがきわめて難しい技術であることは理解している。彼は、広島の投手は、咄嗟の場合にカーヴの握りのままウエストボールを投げる練習を何度も繰り返してきたので、江夏の投球は、その練習の産物だったのだろう、という趣旨のことを述べている。

江夏が、石渡の邪推を鼻で笑って問題にしないのは当然だが、興味深いのは、彼を称賛しているように見える古葉の解釈も、嘲笑的に斥けていることである。あのような球は、練習によって投げられるようになるものではない、と彼は言う。確かに、江夏の言っていることはまったく合理的である。「投球動作の途中で、想定外のスクイズの気配を察知して、咄嗟にウエストボールを投げる」練習など、定義上、不可能だからだ。練習している以上は、もはや、ウエストボールへの切り替えは、最初から想定内になってしまうからである。実際、カーヴの握りのままウエストボールを投げる練習をいくら積み重ねても、たいていの投手には、あのような神業的なウエストボールは投げられまい。「カーヴの握りでウエストボールを投げたこと」が優れていたわけではなく、どんな握りであれ、「投球動作にすでに入っている段階で、想定外のスクイズを回避すべくウエストボールへと切り替えたこと」が優れていたのだから。

それならば、江夏は、どうしてこのような奇跡的な一球を投げることができたのか？　古葉が言っていた練習は、もちろん必要条件ではあろうが、十分条件ではない。江夏にあれができたのは、彼が、何度も繰り返し修羅場を、絶体絶命のピンチを経験してきたからだ、と言うほかあるまい。江夏が、いわば生死を賭けるような覚悟をもって、繰り返し例外状況(ピンチ)を経験してきたこと、このことが最終的な決め手となって、奇跡のウエストボールが可能になったに違いない[7]。

原発と原爆の等価性に直面して

このエピソードが原発問題とどう関係しているというのか？　日本シリーズの最終戦の一点も与えられない場面での無死満塁で、マウンドに立たされた投手は、深刻な原発事故に遭遇したようなものである。想定外の津波によって、福島第一原発の事故が引き起こされてしまったことを受けて、「これからは防波堤をもう少し高くしよう」「非常用電源の位置を変えよう」「マークⅠのような古い原子炉は廃炉にして、新しい原子炉だけを残そう」等の対策を取ることで十分にリスクを回避しうるという態度は、古葉竹識と同じ考え方に基づいている。「想定外の事態に備えて練習しておこう」というわけである。無論、それは重要なことである。江夏とて、カーヴの握りのままウエストボールを投げる練習をしていなかったら、あの場面で、ウエストボールを投ずることはできなかっただろう。

しかし、想定の範囲を拡張したとしても、「想定外」の一般に対応できるようになるわけではない。どんなに範囲を拡大したとしても、それを逸脱した深刻な想定外の事故は起こりうる。江夏の「あの一球」は、真の想定外の事態を克服できるのは、どのような場合なのか、をわれわれに教えてくれる。ぎりぎりの覚悟をもって、例外状況を繰り返し体験した者だけが、それをよくなしうるのだ。原発に即して言えば、「ぎりぎりの覚悟」は、結局は、原発が原爆と本質的に同じものであることを受け入れることを前提とするはずだ。原発を「ノンアルコール・ビール」として扱っている限りは、そのような死活的な場面に立つ覚悟は生まれようもない。マークIを導入したときの東京電力の呑気な対応を、もう一度、思い起こしてみるとよい。

だが、ここで重大な問題にぶつかる。社会学者ベックを感動させたこと、つまり「世界の良心・世界の声として、核兵器のまったき非人間性を倦むことなく告白し続け」てきたことこそが、戦後日本のナショナル・アイデンティティの根幹にある。核兵器を造らず、また断じてもたないということ、そのことによって、戦後の日本は、国家としての矜持を保ってきたのである。とすれば、原発と原爆の等価性を否認することが、戦後日本のナショナリズムにとってどうしても必要だったことになる。絶対的に断酒したことを誇りに思っている人物がいるとしよう。だが、彼は毎日ビールを飲んでいる。それを彼に指摘すると、彼は、こう答える。「これはノンアルコール・ビールだ、いくら飲んでも酒を飲んだことにはならない」と。

だが、繰り返せば、原発はノンアルコール・ビールではないし、また原発が引き起こしうる想定外の危機に対応できる者は、「原発＝原爆」という事実を心底から得心して受け止めている者のみである。この点を前提にした場合に、日本が取りうる決定は、結局、一つしかない。

本書の冒頭で述べたように、原発の全面的な放棄が、日本にとって、論理的に可能な唯一の結論である。仮に即座に放棄することが現実的ではないにせよ、明確な期限を決めて、漸次、原発を減らし、最終的にすべてを廃炉にしなくてはならないだろう。防波堤を少しばかり高くしたことで、原発の安全性が確保されたと見なすのは、カーヴの握りでウエストボールを投げることができるようにしておけば、あの奇跡のウエストボールを自在に投げることができると思いこむのに等しい。

4　苦難の神義論と禍の預言

神の国の原発事故

二〇世紀の中盤、平和利用された原子力の存在は、「神の国は近づいた」＝「メシアはもうすぐやって来る」という福音、いわばヨハネ的な福音として機能した。第Ⅱ章で、われわれは、このように論じておいた。

だが、われわれが今日経験しているのは、未曽有の規模の震災・津波に起因する悲惨で深刻な原発事故である。この出来事に対応するメッセージは何であろうか？　この出来事に神学的なメッセージを付与するとすれば、それはどのような内容になるだろうか？　この出来事は、

「神の国(天国)」について、つまり理想の至福状態に関して、何を語っているだろうか？　これらの疑問に対する答えは明々白々であるように思える。原発事故がわれわれに語っているのは、「あなたたちは神の国のはるかに遠くにいる」、あるいは、「神の国は存在しない」というメッセージであろう。原発周辺の共同体をそれこそ根こそぎにしてしまうほどの原発事故が何かを意味しているとすれば、われわれが「神の国」の外部にいることを含意する、あるいはむしろわれわれが「地獄」にいることを含意する、この種のメッセージしかありえないように思われる。

しかし、そうではないのだ。原発事故が意味しているメッセージ、それはあのイエス・キリスト的な福音、「神の国はあなたたちの中にある(神の国はあなたたちの手の届く範囲にある)」なのである。少なくとも、原発事故は、このようなメッセージを示している、と見なすこともできるのである。

つまり、原発事故は、二つの対極的な意味をもちうるのだ。「神の国」の位置に関して、事故は、一方で、それが「あなたたちの外にある」を、他方では、それが「あなたたちの内にある」と両方を含意しうる。どうして、原発事故のような破局的な出来事が、「神の国」なる至福の世界がすでにわれわれの手の届くところにある、ということを(も)含意しうるのか？　順を追ってていねいに歩まなくては、この問いに答えることはできない。

イエスが神の国に関して述べている、いささか謎めいた言明が、手がかりとなる。イエスは、洗礼者ヨハネの価値を、神の国と関係づけて論じている。イエスは、ヨハネを激賞している。ヨハネは、「女から生まれた者の中で最も偉大な者」である、と。だが、他方で、イエスは、この言葉に続けて、まったく逆とも取られかねない一言を付け加えている。「しかし神の国で最も小さい者もヨハネよりは大きい」と。つまり、神の国では、地上で最も偉大な者が、最小の者に反転するのである。この反転は、原発事故のような最も悲惨な出来事が、神の国の到来を告げる最良の福音になる、という転回と対応している。

苦難の神義論

第Ⅲ章の冒頭でも述べたように、一般に大災害は神学上の難問を提起する。全知全能の神が創造したこの世界に、どうして悪があるのか？　どうしていわれなき不幸が義人を襲うのか？　無差別に襲う災害は、不幸な義人を大量に生む。一神教にとって、これは難問であった。

この難問への回答が、「(苦難の)神義論 Theodicy」である。神義論は、ユダヤ教の中で発達した。旧約聖書に記された預言者の言葉(の一部)は、神義論の体裁をとっている。ユダヤ教がとりわけ神義論を必要としたのは、古代ユダヤ人の歴史が苦難の連続だったからである。パレスチナの人々はもともと、軍事的な理由から、神を信仰し、神と契約したと思われる。彼らは、神によって守られることによって、戦いに勝利することを願ったのである。ところが、ユダヤ人は強大な帝国に囲まれており、連戦連敗であった。どうして、ヤハウェは、ユダヤ人を救わないのか。ユダヤ人にとっては、これは重要な問題だった。

古代ユダヤ人を襲った災禍の中でも最大のものは、いわゆるバビロン捕囚である。ユダヤ人の王国が、バビロニアによって完全に滅ぼされてしまい、生き延びたユダヤ人は、バビロニアの首都バビロンの近郊に連行され、捕囚状態で生きることを強いられた。ユダヤ教が真に完成するのは、このバビロン捕囚期(紀元前六世紀)であったと考えられている。

一見、説明しがたい禍や苦難の下にあるとき、どのようにしたら神への信仰を存続させることができるのか？　つまり、神義論はどんな論理を展開したのか？　神義論は、自分たちがまさに不幸であるということ、苦難の内にあるということ、このことがかえって、自分たちを(やがて)救済し、自分たちに幸福をもたらしうる、超越的な神の存在を確証させるという逆説によって、成り立っている。普通は幸福や快楽が、神によって救済されていることを意味し、不幸や苦難は呪われていることを意味している、と解釈されるだろう。神義論は、現在の苦難を未来における救済の証と結びつけることで、この一般的な関係を逆転させるのである。

神義論は、次のように論を展開する。神の選びの規準は非常に厳しく、また神がもたらす救済の中では、想像を絶する幸福があるはずだ。そうであるとすれば、現在の中途半端な繁栄の中にある者が、神によって選ばれた者であるはずはなく、その程度の幸福や幸運が救済であるはずがない。逆に、今災厄の中にいるということ、まだ救済されていないということ、そのことこそ、むしろ救済の証ではないか。救済されるべき、義を知る者は、むしろ、今不幸で、世間のそしり・ののしりを受けているはずだ。このように論理が展開していく。こうして、不快が快楽に転換したように、苦難が幸福へと転換する。

「神義論」などと言うと、特定の信仰に内在している問題で、どの神も信仰していない(つもりの)一般の人には関係がない話題だと考えるかもしれない。しかし、われわれは、理不尽な不幸や災難をたくさん経験し、また目撃しており、そのたびに、そうと自覚することなく、神義論に類する論理に訴えている。東日本大震災に対してもそうである。たとえば、この惨状を前にして、たいていの人は、次のように唱えて、自分自身や周囲を鼓舞するだろう。「日本は必ず復興する」「東北は必ず再生する」等、と。現在の極端な不幸が、将来における幸福の兆候であると見なすこうした訴えかけは、神義論そのものではないにしても、神義論をもたらした原初の衝動と同じ感覚に根拠をもっている。このように考えれば、神義論の課題は、ユダヤ教のような特定の信仰に内在した問題ではない。

禍の預言

苦難の神義論は、禍の預言とセットになっている。一見、神義論の指向性と矛盾しているように思えるが、旧約聖書の預言者たちは、幸運ではなく、むしろ禍を預言したのだ。禍の預言が神義論にともなうことには、必然性がある。現在の苦難を将来における幸福に転換するためには、悔い改めが必要だからだ。それまでの罪を悔い、より正しくあることが、将来の幸福を約束している。逆に言えば、そのような悔い改めがなければ、幸福や救済ではなく、過酷な禍が到来する。禍は幸福の裏面である。

したがって、洗礼者ヨハネの宣言、「悔い改めよ、神の国は近づいた(神の国にはまだ着いていない)」は、苦難の神義論と禍の預言の結合のミニマムな形式であることがわかる。前章で、ジャン＝ピエール・デュピュイとギュンター・アンデルスから引用した、ノアの方舟のノアも、禍の預言者の一人である。

ところで、禍の預言は、一般にあまり効果をもたない。つまり禍の預言をいかに声高に叫んでも、十分な人を動かすことがないのが常である。前章で紹介したノアも、最初、人々がほとんど自分の話を聞こうとはしないので、すっかり失望していた。人は、預言者がいかに「このままの状態であれば禍があるだろう」と説いても、それが、将来における「可能性」にとどまる限りは、それを切迫した「現実」として信じ、想定して行動することはない。禍の預言には、可能性を現実性へと転ずる力が一般に欠けている。ユダヤ人のケースでもそうだった。幾人もの預言者が、弾圧を恐れずに禍について語ったが、人々は悔い改めることはなかったのである。現在の日本人も、おそらく、今、同じことを実感している。福島第一原発の事故よりはるか前から、いや原発の導入の前から、原発の事故の危険性を語る「禍の預言者」はたくさんいた。しかし、その預言は、国政を動かすほどの力をもつことはなかった。どうしたら、禍の預言、リスクについての警告が、一つの大きな社会の集合的な意志決定を規定するほどの効力をもつのだろうか?

5　メシアはすでにやって来た

ヨブの苦難

もう少し神義論に関する考察を続けよう。苦難の神義論は、極限にまで純化させていくと、自己否定へと至る。つまり、苦難が閾値を超えて大きくなると、もはや、現在の苦難を将来の幸福の約束へと反転させることが不可能になるのだ。そのことを証明する実例が、旧約聖書の「ヨブ記」である。「ヨブ記」こそ、苦難の神義論の中の苦難の神義論、徹底して突き詰められた苦難の神義論である。同時に、これは、神義論の否定でもある。

「ヨブ記」は、ヨブを、まず、幸福であり、かつ信仰心の篤い義人として提示する。彼は美しい妻と多くの子どもに恵まれ、多数の使用人や家畜をもった東国一の大富豪であった。ヨブは、連続的な事故によって財産と家族を失ってしまう。最後には、ヨブ自身が、重篤な皮膚病にかかってしまう。これほどの苦難、これほどの不幸の中で、ヨブはなお、神への信仰を保つことができるだろうか？　これが「ヨブ記」が提起する問いである。

この物語の全体は、神とサタンの間の賭けという設定によって枠付けられている。サタンは、ヨブが敬虔な信仰心をもっているのは、彼が幸福に恵まれているからではないか、という疑念を提起して、神に挑戦する。そして、神の許可を得て、ヨブを不幸のどん底に陥れる、過酷な実験を試みた、というわけである。だが、こうした設定は、重要ではあるまい。これは、ヨブの不幸に理由を与える物語上の枠組みに過ぎないからである。重要な問いは、究極の言われなき苦難の中で、信仰は持続しうるか、にある。これは、まさに神義論の主題である。

三人の友人がヨブのもとに見舞いに訪れて、ヨブとの間で神学的な議論を展開する。友人たちが言っていることは、要するに、ヨブが苦しんでいる原因は、ヨブが過ちを犯したからに違いない、ヨブの苦難はヨブの罪に由来する、ということである。神が正しい限りは、ヨブの不幸はヨブの罪によってしか説明できない、というわけだ。

無論、ヨブはこうした議論に屈することはない。彼は、自らの正義を主張する。「ヨブ記」

のここまでの筋は、苦難こそが神の圧倒的な超越性を確証させるという、神義論に固有の逆説を裏打ちするものになっている。ところが、驚くべきことに、「ヨブ記」は、終盤に至って、こうした逆説をさらに斥けるものになっているのである。

まず、四人目の友人エリフが、突然登場して、ヨブを批判する。このエリフの主張は、それ自体、苦難の神義論を純粋に提起するものになっている。ヨブは潔白を主張するが、ヨブに罪があるかどうかということは、神が決することであって、人間であるヨブが判断することはできない、とエリフは言うのである。ヨブの不幸は、神の隠れた意図の実現と解さなくてはならない、というわけである。これは、典型的な「苦難の神義論」である。これがヨブを責める友人の口から出てしまったということは、「ヨブ記」が、一般の神義論を結論とせず、むしろ拒斥すべき媒介と見なしていることを示している。

神の自慢話

究極の逆転は、結末において、神自身が出現し、語ったことによって生ずる。神は、友人たちの議論を、つまり自分を肯定しているように見えるヨブの友人たちの議論を、すべて間違ったものとして一蹴し、ヨブに対しては「正しく語った」と肯定的に評価する。それでは、このように結論する前には、神は何を語ったのか？　ヨブの友人たちは間違っているとして、何が正しいと神は語っているのか？　神の語りは、われわれを唖然とさせるものである。神は、ただ、自分の全能性を自慢げに誇示しているだけなのだ。

だが、神が自らが全知で全能であることを大げさに誇れば誇るほど、言語行為としては、こうした字義とは逆の効果が出てくるのを、われわれは感じざるをえない。たとえば、神は、ヨブにこう言う。「わたしが大地を据えたとき、お前はどこにいたのか。知っていたというなら、理解していることを言ってみよ」と。あるいは、こうも言う。「お前はレビヤタンを鉤にかけて引き上げ、その舌を縄で捕えて、屈服させることができるか」と。神の自慢話は延々と続く。だが、神が直接に現れて語るというのならば、彼の語りに期待されていることは、こんな話ではないはずだ。

神は、何を語るべきだったのか？　当然、ヨブの不可解な苦難に対して、きちんとした説明をすべきだったのだ。義人であるヨブが、どうして、こんな不幸に遭わなければならなかったかを、神は説明すべきだった。こうしたことを説明できるのは、神しかいないからである。ところが、神は、ヨブの苦難に関しては何も説明せず、ひたすら、自慢話に没頭する。こうした語りを前にしたとき、誰もが口にする皮肉は、こうであろう。「ほう、なるほど、そんなに何でもできるのなら、なぜ、あなたは、ヨブを苦難から救ってやらなかったんだい？」。

つまり、己の全能性を誇る神の言葉は、このコンテクストにおいた場合には、むしろ、神の無能性をこそ意味しているのである。神は、ヨブを救済できなかったという自身の無力さを、糊塗しようと、躍起になっているのだ。これは、次のような状況に似ている。われわれは、人前で大失態を演じてしまったとき、それを補おうと、「俺はこんなことだってできるんだぜ。お前なんかできないだろう」等々と言いながら、何とか、自分の力を見直させようとする。しかし、無理やり自己顕示すればするほど、かえって、最初の失態が取り返せないものとして浮き彫りになる。

神義論の転回

したがって、次のように結論することができる。まず、苦難を媒介にして、人間を絶する神の超越的な能力を肯定する逆説的な論理(苦難の神義論)が確立する。しかし、苦難があまりに過酷で、しかも、それを説明できる規範的な根拠がまったく見当たらないとき、この逆説的な論理も破綻し、神の無力、神の無能性が肯定されてしまう。それほどに意味のない苦難を避けることができないということが、神には何の力もなかった、ということを示してしまうからである。

実際、たとえばアウシュヴィッツの強制収容所で、一切の希望を失い、生ける屍のようになってしまっているユダヤ人——隠語で「ムーゼルマン(回教徒)」と呼ばれたユダヤ人——に、苦難の神義論を説くことのおぞましさを想像してみるとよい。「あなたは今、不幸のどん底にあるが、やがて救われ、神の国に迎えられるだろう」と言うことは、あまりに安易な気休めであって、反倫理的でさえある。「あなたの苦難は神の隠れた意図の実現だ」と説くとすれば、そのような神は不要だし、これほどの理不尽な苦難が許されるのであれば、神など存在していないに等しい。

ところで、ここでまた、3・11以降を生きるわれわれ自身を振り返ってみよう。福島の事故のごとき、破局的な原発事故を経験し、これを目撃したわれわれは、神を前にしたヨブにいささか似ている。まず、第Ⅱ章で述べたこと、つまり原子力は、日本の戦後にあって、ただの有効な技術であることを超えて、神であったことを思い起こしておこう。「ヨブ記」の要諦は、極端な苦難を通じて、神の無能性が暴露されてしまう点にある。原発事故がわれわれに知らしめることもまた、原子力という神が、実はまったく無能であるということ、無能以上の無能であることではないか。

今や原子力は、将来におけるあらゆる幸福を約束してくれる超越的な神や救世主どころではない。むしろ、原子力発電所は、巨大なゴミ、およそ考えられる限り最悪の廃棄物である。これを廃炉にするだけでも、ときに、数十年を要する。仮に廃炉になっても、厄介な放射性物質を残し、それが無害なものになるまでには、ときに何万年もの時間を必要とする。

ヨブの後継としてのイエス・キリスト

ヨブは、イエス・キリストの予型《タイプ》である。ヨブとキリストを隔てる距離は、ごく小さい。ヨブの位置に、神自身が入れば、キリストになるからだ。今や、絶望的な苦難にあえぐのは、神である。「ヨブ記」においては、苦難に絶望している人間(ヨブ)とそれを救済できない無能な神とが分裂していた。この外的な分裂が、神における内的な分裂になったとき、キリストが得られるのである。

キリストとは、神自身が被造物のただ中に降りてくるという現象である。人間が知覚したり、経験したりすることができる被造物の世界の彼方には、神はもはや存在していない。したがって、神は被造物を自分の恣意的な選択によって操ることはできず、世界内の諸存在者たちの偶有的な関係、偶然的な因果関係に身を委ねるしかない。「パスカルの賭け」として知られている有名な思考実験では、人間が、神の存在か不在かのどちらかに賭けなくてはならないが、今や、救済が実現しうるかどうかの一か八かの賭けに出るのは、神の方である。その結果、キリストは、十字架上で死んでしまう。その死によって証明されたのは、キリストが人間であったという事実である。

本章の第1節で述べたように、イエスは、われわれ(人間)が神の国にすでに到達している

――したがって救世主はすでに到来した――という趣旨のことを語っていた。その意味は、神が被造物の世界に降り立ち、存在たちの偶有性にさらされているということにほかならない。第1節で引用したように、イエスは、あるとき、神の国を婚礼の場に喩え、「花婿が一緒にいるのに」、婚礼の客は断食などすべきではない、という意味のことを述べている。花婿＝神とは、自分のことであろう。花婿は、客（人間たち）の中に入っているのである。

ここから、すこぶる重大な次のような結論が不可避である。われわれが、すでに神の国に来ている、救済の約束が果たされているということは、究極の福音である。そのような福音が真理であるのは、神が人間として被造物の中に入り込んでいるからである。しかし、このことは、神が可死的であること、人間としてあえなく死んでしまうということをも含意している。実際、キリストは、十字架の上で死ぬ。ところで、この世界の全体の責任者である神が死んでしまうという事実以上に破局的なことがほかにあるだろうか。かくして、われわれは結論せざるをえない。われわれがすでに神の国に到達しているという最良の福音と、神の死という最大にして最悪の破局についての報告が、まったく同じものに帰してしまう、と。

もともと、神義論（これは苦難の果ての神の国での幸福を約束している）と禍の預言（これは破局の可能性について言及している）とは、表裏の関係にあった。しかし、今や、両者は表裏であることを超えて、完全に同じものに収束しているのである。

これは、哲学者や神学者が「対立物の一致」と呼んでいる状況の究極の例ではないだろうか。一致させられる対立物の間のギャップは最大になっているからである。ここでまたあの類比に訴えれば、深刻な原発事故は、まさに原子力という神の死を含意している。ここに、今述べてきたような「対立物の一致」の法則を適用するならば、原発事故は同時に、神の国への到着を含意する福音でもなければならないはずだ。

先に約束が果たされる

苦難の神義論と禍の預言との合致が何を意味するのか？　それが、どのような行動を促し、いかなる実践的な帰結をもつのか？

ユダヤ教の苦難の神義論にあっては、救済のとき、至福のときは、現前したり、現実化したりすることはない。この場合、現在・現実の苦難をバネにして――つまり現在・現実の苦難の否定を介して――、救世主の存在が未来に措定されるので、救世主は、常に「来たるべき」という様相にある。

それに対して、キリスト教においては、救世主（キリスト）はすでにここに来てしまっている。救世主の存在は、もはや、彼方＝未来に想定されてはいない。だがしかし――ここが肝心な点だが――、（苦難の神義論において）救世主の存在を未来に措定させた、現実・現在に対する否定の感覚は残っている。（苦難に満ちた）この現実ではだめだという違和の感覚、この現実に対する強い解離の感覚だけが、救世主が到来してしまった後でも依然として残っているのだ。この現実への否定や違和、あるいは解離は、それらが解消されることになっている未来の「約束の時」が措定されていないので、まったく相対化されることなく直接に、いわば生の状態で露呈している。このことが、人間の行動に重要な効果をもたらす。

別の言葉で言い換えてみよう。救世主が到来してしまったということは、神の方は（人間との）約束を果たしてしまった、ということである。神の方は、すでに人間の罪を贖い、人間を赦してしまっているのだ。しかし、人間の側は、その赦しの条件になるようなことを、まだ何も行っていない。そうであるとすれば、人間は、一刻も早く、神が果たした約束を実質あるものに変えなくてはならないだろう。つまり、人間としては、罪を埋め合わせ、赦されるに値するような善を行わなくてはならないのだ。

普通は、「人間がP（たとえば悔い改め）を行う→神がQ（たとえば罪の赦し）という約束を果たす」という順番になっている。しかし、救世主がすでに来てしまっているということは、この順番が逆になることを意味している。まず、（神によって）Qという約束は果たされてしまっている。そうである以上は、人間は、Qの条件となるようなPを緊急に実現しなくてはならない。今しがた、救世主が来てしまった後には、現実への否定の感覚だけが緩和されないままに残される、と述べたが、この「否定の感覚」とは、「Pがまだ実現していない状態／Pが実現している状態」のギャップに対する感受性にほかならない。

最も恐ろしい啓示

すでにこの現実が神の国であり、約束されたユートピアである、などと主張すると、現状が肯定される、極端な保守主義に至るように思われるかもしれない。しかし、そうではない。確かに、現実は肯定されているのだが、トータルな否定を介して肯定されているからである。

具体的に説明しよう。たとえば、イエスは、「貧しい者は幸せだ」と宣言した。これは、現状の貧富の格差を承認する、極端な保守主義を含意しているとも解しうる。「貧しい者たちよ、君たちは、天国でよい目にあうのだから、幸福だよ。今は我慢したまえ」と。しかし、イエスが、神の国は貧しい者や罪人にこそ属していると語っているとき、その含意は、貧しい者や罪人は、その悲惨な境遇や弱さによって、この現実の否定性(ネガティヴな側面)を具現しており――もっと端的に言えば「この現実ではだめだ」ということを具現しており――、その限りにおいて神の国を代表している、という意味である。とすると、「貧しい者は幸いだ」という言明の意味は、「貧しい者に幸いが(この世界の中で)訪れるようにしなくてはならない」という変革への呼びかけである。いずれやってくる救済のときに貧しい者が幸せになるのではなく、今、この現実において彼らが幸せになるように直ちに変革しなくてはならない、というわけである。女から生まれた者の中で最も偉大な洗礼者ヨハネが、神の国では最も小さい者よりさらに小さい、という言明は、同じことを逆の側から――貧者や罪人ではなく偉大なヨハネの方を基準にして――表現したものである。

だから、イエスは――典型的な神義論を唱えたヨハネとは異なり――、革命家にならざるをえない。第1節で見たように、イエスは、体制に対して保守的な傍観者にとどまるわけにいかず、革命的な反抗者として体制に敵対した。イエスは、神の国に到着してしまったときの人間の重責の担い方を、身をもって示しているのである。普通は、救世主がまだ来ていないときには、人々の生活は重苦しく、彼らにはなすべきさまざまなことがあるが、救世主がやって来たときには、人々はそうした重荷から解放され、彼らに安楽がもたらされる、と考えられている。しかし、実際にはそうではない。むしろまったく逆である。

確かに、神の国がまだ到来していないときにも、人々には、ある責任が課せられる。神の国の到来に備えて、悔い改めたり、律法をきちんと遵守したりしなくてはならない。しかし、この段階では、どんなに生真面目で、敬虔な者にも、最小限の余裕がある。救世主はまだ訪れてはいないので、これからがんばればよいからだ。しかし、救世主が到来してしまい、自分が神の国の中にすでに入っているとすればどうであろうか。もはや、最小限の余裕すらなくなっている。人は、一刻の猶予もなく、神の国にふさわしく生きなくてはならない。すでに到来している「それ」の意味を十全に現実化するような生き方をしないわけにはいかないのだ。それは、「後で」という言い訳を決して許さない、逃れえない重責である。

先に、禍の預言は、いかに声高に叫んでも、その効力には限界がある、と述べておいた。その原因は、今述べたことにある。禍の預言は、「まだ……しなくてもよい」「これから……すればよい」という余裕を人に与えるのだ。禍の預言よりもはるかに恐ろしい啓示は、だから、「救世主はすでに来た」という宣言なのである。この宣言が発せられてしまえば、人は、今すぐ必死に活動しなくてはならない。

それならば、こうした考察を踏まえたうえで、原発事故という出来事、現代の神の死を告知するこの出来事に対応する、実践的な命令を引き出すとすれば、それは何であろうか。簡単なことである。事故は、否定的な仕方で——悲惨な災害を媒介にして——、「神の国」の到来を告知した。この場合の「神の国」とは、原発を必要としない社会、原発への依存を断った社会である。われわれは、今すぐに動き出さなくてはならない。この「神の国」の意味が実現するように、である。仮に、今すぐに原発をすべて停止したり、廃炉にしたりはできないとしても、停止を決断すること、明確な期限の付いた停止を決断することならばできる。「いつまでに停止する」ということ、できるだけ短い期限を設定した停止ならば、直ちに決定することができるはずだ。これがなすべき第一歩である。

イエスは、こう言っている。「手を鋤につけてから後ろをふり向く者は、神の国にふさわしくない」（「ルカによる福音書」9章62節）と。手を鋤につける、とは神の国に入ってしまった、ということである。もはや神の国に入ってしまったのだから、後ろを顧みるわけにはいかない。原発に未練を残すわけにはいかない。

人間が神を救う

ドイツの哲学者ハンス・ヨナスは、アウシュヴィッツ以降の道徳性を考察する文章の中で、エティ・ヒレスムという名前の若いユダヤ人の女性の日記を引用している。彼女は、ナチスが支配する一九四二年に、ユダヤ人同朋を助け、彼らとともに苦しむために、自ら進んで、強制収容所に向かった。その決断について、彼女は日記で、神への語りかけという形式で、次のような趣旨を述べている。日が経つにつれて一つのことが明らかになった、と。それは「あなた（神）は私たちを助けることができない」が、逆に、「私たちの方こそあなたを助けることができる」、ということである。そして「あなた」を助けることが結局、「私たち自身を助けること」でもある、と続ける(8)。

ヨブのときのように、神の無能性が暴露されてしまったとき、あるいはキリストの場合のように、神自身が十字架の上で死んでしまったとき、神の国に実質を与える責務はすべて人間に課せられることになる。そうすることで、神が人間を救うのではなく、人間が神を救うのだ。人間は、神を救うことにおいて自分自身を救うのである。

振り返って考えてみると、江夏のあの一球も、神を救う一球であった。これによって、神の国が、広島カープにとっての神の国が現実のものとなった。つまり、カープは日本シリーズに勝利し、日本一の栄冠を獲得した。この場合、「優勝」は、最初から――試合が始まる前から、いやシーズンが始まる前から――先取りされ、果たされていた約束であって、江夏の一球が、これを現実のものとしたのだ。⑼

(1) 田川建三『イエスという男――逆説的反抗者の生と死』三一書房、一九八〇年。
(2) 田川、同右。
(3) 「ルカによる福音書」7章33―34節、田川訳、『新約聖書　訳と註　第二巻上』作品社、二〇一一年。
(4) 田川建三『イエスという男』
(5) 現代社会におけるこうした対象に特に注目しているのは、スラヴォイ・ジジェクである。また拙著の次の箇所をも参照。大澤真幸『不可能性の時代』岩波新書、二〇〇八年、八〇―八三頁。
(6) 日本の電力会社(東電)は、アメリカの企業よりもはるかに御しやすかった、と答えるGE担当者（NHK「ETV特集」より）。

（7）大澤真幸『〈自由〉の条件』講談社、二〇〇八年、第九章参照。

（8）Hans Jonas, *Mortality and Morality*, Evanston: Northwestern University Press, 1996, p. 192.

（9）「江夏の21球」では、次のようなドラマも併走していた。江夏が、無死満塁のピンチを招いたとき、広島の古葉監督は、リリーフ用の投手をブルペンに送った。これが江夏には気に入らなかった。古葉は、日頃からすべてを江夏に託すと言っていたのに、どうして自分を信用せずにリリーフを用意するのか、と。古葉にも、言い分はある。無死満塁となれば、最低でも同点になって延長に入ることを覚悟しなくてはならず、このとき江夏の打順で代打を使う必要も出てきうる、と。ともかく、江夏は古葉のやり方に気分を害し、マウンド上で苛ついていた。これに気づいた一塁手の衣笠祥雄（江夏の親友でもある）が、江夏に「辞めるときは一緒に辞めてやる」と声をかけたために、江夏は落ち着きを取り戻し、このピンチを無失点で乗り切ることができたのである。しかし、この出来事をきっかけとした、古葉と江夏との間の確執は消えることがなく、江夏が広島カープを離れる原因にもなったとされている。われわれのここまでの考察は、古葉のやり方の何が悪かったのか、ということを教えてくれる。江夏にとって、「優勝」は、あらかじめ果たされている約束であり、これに現実という実質を与えるのが彼の使命であった。だが、あのとき古葉は、「優勝」という約束がまだ果たされていないかのようにふるまった（江夏が優勝を導けない可能性があるかのようにふるまった）。これは、十字架上で死んだ男が、ほんとうに救世主だったのか、神の子だったのか、ということについて疑問をもつのと同じように、江夏にとっては冒瀆的なことだった。

V

階級《クラセ》の召命《クレーシス》

1　階級の由来

「階級」という主題

この章では、「階級」について考察しよう。その理由は、二つある。第一に、3・11の原発事故は、原子力発電所の末端で働く労働者たちの悲惨な現状を、一般に知らしめるきっかけとなり、プロレタリアートの搾取という古典的な問題にあらためて照明をあてたことにある。

第二の理由は、脱原発を含む大規模な社会変動を可能にするような社会運動の中心的な担い手は、最終的には広義のプロレタリアートしかないからである。この「広義の」という部分が重要だが、それについては本章のずっと後の方で説明しよう。前章で、われわれは、原発事故が、ある種の神学的なメッセージ、「革命」へとわれわれを急き立てるメッセージとしての意味を担うということを示した。前々章では、未来の他者との連帯が原理的には可能だ、と考えうる根拠について論じた。その中で、われわれは、一八四八年のドイツ革命を――ブルジョワ革命というよりはむしろ――プロレタリアート革命と解すべきであるとした、良知力の研究に触れていたことを想い起こしてほしい。未来の他者と結びつきうる、徹底した変革の担い手は、広い意味でのプロレタリアートしかない。

それは、「プロレタリアート」とか、「階級」という概念が、社会科学的な思考に書き込まれた当初の段階から予告されていたことである。まずは、この点から論じることにしよう。

klēsis（召命）から Klasse（階級）へ

マックス・ウェーバーが、『プロテスタンティズムの倫理と資本主義の精神』の中で、パウロのクレーシス klēsis（召命）という語に注目したことは、社会学の研究者なら誰でも知っている。この語は、ルターによるドイツ語訳 Beruf を経由して、結局、「職業」を指示対象とするのだが、問題は、そこに込められている含みである。この語に関する注の中で、ウェーバーは、パウロがこの語に込めた意味を連想させる唯一のテクストとして、ハリカルナッソスのディオニュシオスの一節を参照している。この一節で、ディオニュシオスは、ラテン語のクラッシス classis は、ギリシア語のクレーシスに由来する、と述べている。この classis こそ、今日の classe（フランス語）になるのだが、本来の意味は「市民の中で兵士として召集された部分」である。classis が klēsis に由来するというディオニュシオスの説を、近代の文献学者は完全に斥けているとのことだが、ジョルジョ・アガンベンは、それでも、ディオニュシオスの着眼は興味深いと述べている①。この説は、マルクスの思想の鍵概念のひとつをメシア的召命の概念と結びつけることを可能にしてくれるからである。

マルクスは、それまで一般的に用いられた(ヘーゲルも使っていた)「身分 Stand」に替えて、フランス語から流用した「階級 Klasse」を用いた。この語は、当時は、まったく新奇な語であり、この語を断固とした概念へと格上げさせたのは、マルクスであることはしばしば指摘されてきたことである。なぜ、マルクスは、「身分」ではなく「階級」を用いたのか。

ブルジョワジーが、身分の解体を表現しているからである。身分とは異なり、階級は、個人とその社会的な役割との間に必然的な繋がりがないこと、つまり両者の関係は偶然以上のものではないことを表現している。ある個人は、初めからある身分に属する者として生まれ、原則的には、一生、同じ身分にとどまっているので、個人と身分との繋がりは本来的なものである。貴族の子は、最初から最後まで貴族である。社会学では、これを帰属的性質と呼ぶ。それに対して、階級と個人との間には、このような本来的な繋がりはなく、両者の関係は、偶然的なものである。人は、ある階級になるのであり、その意味で階級は、獲得的性質である。

ブルジョワジーは、身分からの解放を表現する。そして、プロレタリアートは、ブルジョワジー以上に純粋な階級だということになるのではあるまいか。ブルジョワジーは、階級だが、しかし疑似身分的に機能する階級である。だから、ブルジョワジーは貴族を積極的に模倣する。その疑似身分性からも疎外されている階級が、プロレタリアートである。プロレタリアートは、職人や農民を模倣して労働者になるわけではない。階級は、身分を代理するものとして登場する。だから、疑似身分性を離脱しているということは、階級の自己否定を含んでいるということでもある。プロレタリアートは、純粋な階級であるがゆえに、階級の否定でもあるのだ。

　そのプロレタリアートに、マルクスが救済機能を託したことは、あらためて解説する必要もあるまい。『ヘーゲル法哲学批判』の次のくだりはあまりにも有名だ。

> それでは、ドイツの解放の積極的な可能性はどこにあるのか。解答。それはラディカルな鎖につながれたひとつの階級の形成のうちにある。市民社会のどんな階級でもないような市民社会の一階級、あらゆるシュタントの解消であるような一シュタント、その普遍的な苦悩のゆえに普遍的な性格をもち、なにか特殊な不正ではなくて不正そのものをこうむっているためにどんな特殊な権利をも要求しない一領域……ひとことでいえば、人間の完全な喪失であり、したがって、ただ人間を全面的に救済することによってのみ自分自身を達成することのできる領域……の形成のうちにあるのである。こうした解消をある特殊なシュタントとして体現したもの、それがプロレタリアートである。[2]

ここで、アガンベンに倣い、ディオニュシオスの語源学的推論をあえてまともに受け取って、パウロにおけるメシア的な召命の機能を、マルクスの階級の働きに引きつけて解釈してみよう。そうすると、パウロのエクレーシア ekklēsia（教会）とマルクスのプロレタリアートには、明白な類似があることに気づく。パウロは、キリストの下では「ユダヤ人もギリシア人もなく、奴隷も自由な身分の者もなく、男も女もありません」（「ガラテヤ人への手紙」3章28節）と言っているが、この件は、現代風に言えば、階級の否定であろう。エクレーシアとは、言ってみれば、階級なき社会、階級を克服した共同性のことだからである。

2　革命しないプロレタリアート――問題設定

原発労働者の搾取

この章の冒頭でも述べたように、3・11の原発事故は、原発におけるプロレタリアートの搾取の問題に対する注目を喚起した。ただし、原発における労働の実態が、3・11によって初めて暴かれた、というわけではない。二〇一一年の3・11よりはるか前から、原発における末端の労働者が差別され、搾取されている事実は、多くの論者によって調査され、報告され、告発されてきた。中には、堀江邦夫のように、自ら末端の労働者として原発に潜入し、ルポを書いた者もいた[3]。が、東京電力福島第一原子力発電所の破局的な事故までは、原発労働者の実態が、一般公衆の十分な注意を集めてきたとは言えない。

原発の労働のヒエラルキーの末端では常に、致死的な量の放射線被曝の危険性に脅かされている多数の労働者が、きわめて低賃金で働いている。そのような労働者の多くは、非正規な被雇用者である。原発の定期検査のときには、特に多くの末端の労働者が必要になるので、定期検査が行われている原発の間を渡り鳥のように移動する者も多い。そのようにして絶えず移動している労働者は、「原発ジプシー」などと呼ばれることもある(4)。

原発の事故があったから、彼らの労働環境が危険なわけではない。そうではなく、通常の、まったく順調に原発が稼働し、運営されているときでも、原発には、命の危険を賭して働いている労働者が必要なのである。

彼らが過剰な被曝に陥らないように、法的な規定はあるが、労働の現場では、そうした規定は十分に遵守されていないことは、すでに多くの証言や報告によって明らかにされている。彼らは、生きるか死ぬかの労働に従事しているにもかかわらず、賃金はきわめて低く、さらに十分な尊敬も得られていない。つまり、彼らの労働は、経済的な面でも、また(承認のような)精神的な面でも、十分に報われているとは言えない。ここには、きわめて露骨で、非常に古典的なプロレタリアートへの明白な搾取がある。

したがって、人道的な見地からしても、あるいはある種の正義論——たとえば第Ⅱ章で検討したロールズ流の正義論――の観点からしても、このような労働を必要とする原発の存在は、原発事故による危険を考慮に入れなくても、倫理的に許容されないのだ。原発は、常態においても、事故時に一般の人が被るのと同等の危険にさらされる多数の労働者を必要としているからである。原発が放射性物質を扱う以上は、どのような技術革新がなされようと、こうした労働の必要性は消えないだろう。

だが、原発の労働者が、かつてマルクスがドイツのプロレタリアートに託したような解放的な革命の主体になっているわけではない。原発の末端で最も搾取されている労働者が、脱原発のための運動に立ち上がったりはしない（ただし、原発で管理職的な仕事に従事していた「労働者」が脱原発を訴えている例は、いくつもある）。彼らは苦悩し、不正を被っているが、召命を受けて、革命のために立ち上がったりはしないのだ。それどころか、彼らは、原発における労働環境の改善のために運動すら組織していない。さらに付け加えれば、一般の人々、一般の労働者が原発の労働者に同情したり、共感したりして、大規模な運動が広がる様子もない。3・11以降の脱原発運動も、原発労働者の状態や搾取を、脱原発の主要な根拠に挙げはしない。

原発で仕事をしている労働者は、明白な不正義や明らかな苦痛、そして低賃金にもかかわらず、つまり搾取されているにもかかわらず、脱原発を望んではいないだろう。彼らは、原発を欲しているのだ。その理由は明白で、彼らは、脱原発とともに失業することを恐れているのである。放射線被曝よりも失業を回避したいというわけだ。

格差社会

原発労働者の問題を離れても、階級的な搾取は、現代日本社会で、さらに多くの先進国であらためて大きな社会問題となってきている。それは、「格差問題」と呼ばれている。もともと、マルクス主義の一般的な想定では、資本主義の発展にともなって、階級は深刻に二極化すると考えられていた。が、二〇世紀の中盤以降、この想定に反して、先進資本主義国では、もはや極端な階級差別はなくなりつつあるという見方が一般的になってきた。とりわけ日本は、平等性の高い社会と見なされていた。しかし、二〇世紀の最末期以降、あるいは二一世紀に入ってから——さらに限定すれば二〇〇八年のリーマン・ショック以降——、あらためて、貧困の問題が、搾取にともなう格差の問題が、再浮上してきた。

それならば、一九世紀にマルクスが予言したような、プロレタリアートが主導する革命の可能性が、いくぶんか高まっているのだろうか。二〇一一年九月にニューヨークのウォール街では、職をもたない——つまり失業中の——若者たちを中心として、「ウォール街を占拠せよ」をスローガンとする抗議行動が始まった。この運動は、全米各地に、さらに海外にまで飛び火した。こうした行動は、革命をいささか予感させはする。少なくとも、この行動は、格差を生み出した資本主義への強い抗議の表現にはなっている。

しかし、少なくとも現代の日本社会に関して言えば、プロレタリアート、つまり下層の労働者や失業者が、大規模な政治行動、階級闘争にコミットする可能性は非常に小さい。いくつかの社会調査の結果が、こうしたことを含意していると解釈できる。

たとえば、調査によれば、労働者階級は——中間階級から区別された固有の意味での労働者階級は——政治への関心が低く、政治の知識も乏しい。また、労働者階級は、他者に対する一般的信頼感が非常に低いことも、調査によって明らかになっている。「一般的信頼感」とは、その人について特別な情報をもっていないような他者に対する信頼の程度である。一般的信頼感が低いということは、政治行動に必要な協力行動をとることが難しい、ということを予想させる。こうしたすべての事実がはっきりと示していることは、現代日本では、労働者階級は政治的に最も不活性な階級である、ということである。革命の主体どころではない。⑤

労働者階級はなぜ政治的に不活性なのか

かつてマルクスがあれほど熱く力強く期待していたプロレタリアートはどうして、およそ解放的な力を発揮しないのか。最もひどく虐げられている原発労働者も、自ら積極的に行動する気配がない。視野を格差社会の全体に広げてみても、労働者階級が社会運動の中心的な担い手になるだろうという予想は、およそ現実みがない。どうしてなのか。労働者階級は、どうして、マルクスの期待とは裏腹に、かくも政治的に無力なのか。その社会学的・経済学的な説明は、それほど難しいことではない。

第一。労働者階級やあるいはそれ以下のアンダークラスに属する若者が、政治的に不活性であるという事実に関して、留意しておかなくてはならない重要なポイントは次のことである。この問題において賭けられている主題は、実は、経済的な貧困だけではない。それ以上に重要なのは――多くの論者が指摘してきたように――承認である。「貧しさ」よりも「寂しさ」が問題⑹なのだ。

職業をもち、収入があるということは、その人物が社会的に承認されていることの指標になる。仮に賃金が低くても、職業があることは、その人が最小限の承認を受けていることを意味しており、そのことによって、彼または彼女は自尊心や尊厳を保つことができる。だからこそ、若者が渇望しているのは、職業、とりわけいわゆる正規雇用の職業なのだ。職業をもつことは、しかし、既存の階級構造の中に位置を占めることを意味している。それは、階級なき社会への指向をいささかも含んではいない。若者の大半は、革命への呼びかけ(召命)よりも、職業への、階級構造の内部への呼びかけ(召命)を待っているのだ。

ついでにこの文脈で、次のことを補足的に述べておこう。これまでの脱原発の社会運動は、社会学者たちが「新しい社会運動」と呼ぶタイプの社会運動の一つであった。「新しい社会運動」とは、アイデンティティ志向型の社会運動、もう少していねいに言い換えれば、差異の秩序の中でアイデンティティが——ジェンダー、民族、性的指向等々のアイデンティティが——承認され、尊重されることを求める運動である。しかし、脱原発や階級的搾取の撤廃ということが目標の場合には、「新しい社会運動」には、戦略的有効性や持続性という点で限界がある。(7) 脱原発運動や階級闘争にとっては、何かの社会的秩序の中でアイデンティティが承認されることが、最終的な賭金ではないからだ。

第二。今日では、労働者階級は、次のような意味できわめて無力であり、そのことを彼ら自身が自覚しているということが重要である。労働者が置かれている状況は、マルクスが想定していたものと大幅に異なっている。肉体的労働の重要度が低下してきているのだ。このとき、労働者の運動は、大きな力をもつことはできない。どうしてなのか?

資本主義の古典的な段階において、労働者の最も重要な闘争手段がストライキであったことを考えると、その回答は直ちに得られる。ストライキが有効なのは、労働者が稀少で、貴重だからである。彼らの労働がなければ、機械が停止し、資本家は大きな損失を被る。しかし、労働者は機械によって置き換えられると——あるいは肉体労働が海外にアウトソーシングされると——、労働者はもはや稀少ではなくなる。このとき、ストライキは、資本家以上に、労働者自身にとって危険な選択肢である。今日、ストによって被害を受けるのは、資本家や経営者ではなく、労使関係の外部の一般公衆である。いわゆる「一般的知性」の重要度が増し、時間で測定されるような肉体労働が周辺化してくると、労働者は無力化し、政治的な闘争の手段を失ってしまうのである。

ソクラテスの産婆術

だが、それでも脱原発は果たされなくてはならず、いわゆる格差社会(階級的な搾取)は克服されなくてはならない。要するに、資本主義社会の構造の根幹に何らかの変更を加えるような大規模な変革が、必要だ。こうした変革が、資本主義とどこまで両立できるのかは、ここでは問わないことにしよう。原発はすべての活動の前提となるエネルギーの供給の方法に関連しており、また搾取は資本主義の宿命であると見なされていたことを考えれば、これらに関わる変革は、社会システムの基礎的な部分に関連していなくてはならないことは確かであろう。しかし、そうした社会変動の主体的な担い手はどこにいるのか。何に期待すればよいのか。

一つの歴史的事実を、考察を導く寓話としてここに呼び寄せておこう。それは、古代アテナイのソクラテスである。ここで私は、柄谷行人の議論に倣っている(8)。ソクラテスは、アテナイで制度化されていた政治の手法、つまり直接民主主義には背を向けたが、しかし、かといって政治一般を拒否したわけではない。というより、彼は自己流のやり方で政治に積極的に関わった。彼の政治は、広場に出かけ、誰彼となく問答に巻き込むことだった。

その問答法は、かなり風変わりなもので、ソクラテスは、これを産婆術に喩えていた。彼は、相手が提示した命題を否定したり、これに別の真なる命題を対置したりはしない。相手の命題をまずは全面的に肯定した上で、そこから反対の命題を引き出しうることを示すのだ。そうすれば、自然と、相手は自分の前提の虚偽性を自覚することになる。ソクラテス自身が真理を教えるわけではない。そもそも、彼も真理が何であるかを知らないのである。彼は、ただ、自分が真理を知らないことを知っている。ということは、「それ」について知らないとされるところのそれ、つまり真理が存在していることは前提である。そのような真理は、忘れていたことの「想起」という形態で見出される。

この問答法には、アテナイのポリスに衝撃を与えるほどの政治的効果があったと思われる。その何よりの証拠は、ソクラテスが、直接民主主義的な裁判で「死刑」の判決を受けていることである。一部のアテナイ市民にとっては、死刑によって排除したいと思うほどに脅威だったのである。

それにしても、ソクラテスは、なぜ、こんなことをしたのか。どうして、民主主義を拒否し、広場に出ていくという方法を採用したのか。ソクラテスによれば、民主主義という形態の制度化された政治を拒否したのは、彼の守護神とも言うべきダイモンの呼びかけによる。つまり、彼の政治活動は、まさに召命に基づいているのだ。

キルケゴールは、ソクラテスを、イエス・キリストと比較し、対照させている。ソクラテスの手法を発展的に継承したのが、イエスだったのではないか。無論、影響関係があったわけではない。論理的な関係について言っているのである。いずれにせよ、イエスは、前章で見たように、実に積極的な革命家であった。そして、彼は、ソクラテスよりずっとひどい方法で処刑された。だが、彼の活動の影響は、計り知れないほどに大きかった。

3　階級とは何か

階級と階層

そもそも、階級とは何であろうか？　階級についての、古典的で教科書的な定義は、よく知られている。「生産手段の所有／非所有」の区別によって、「資本家階級《ブルジョワジー》／労働者階級《プロレタリアート》」が定義される。

ところで、社会学には、よく似た概念として「社会階層 social stratification」がある。階級と（社会）階層とは、どのような関係にあるのだろうか。階層構造とは、所有している社会的資源によって、人々が区分され序列化されている状態である。社会的資源とは、人々の欲求の対象となるモノである。つまり社会的資源には、社会的に価値あるとされるモノのすべてが含まれる。たとえば、富、威信、権力、情報等が社会的資源である。どの社会的資源を基準にするかによって、さまざまな階層構造が得られることになる。

このように見ると、階層は階級よりも包括的な概念で、階級は、階層の下位概念であるように思える。つまり、階級は、とりわけ経済的な価値を有する社会的資源に基づく社会階層である、と。このように解釈してよいのだろうか？　階級概念のマルクス以降の発展を、ごく簡単に見てから、結論しよう。

階級概念の現代的展開

階級概念はマルクスによって導入された後、多くの思想家・学者によって彫琢され、厳密化されてきた。マルクス以後の学者として、最も重要なのは、マックス・ウェーバーである。さらに、一九七〇年代以降、ニコス・プーランツァス、ジョン・ローマー、エリック・オーリン・ライト等のマルクス主義に近いところにいる社会科学者たちによって、階級概念は、現代社会の現状に合うものへと練り上げられていった。

一人ずつの論者の議論を検討している余裕は、ここにはない。七〇年代以降の新しい階級理論において共通して主張されてきたことだけを確認しておこう。第一に、資本主義的システムの経済構造は複雑で、複数の生産様式や搾取様式が共存し、接合しあっているとされていること。たとえば、典型的な資本主義的生産様式のほかに、封建的生産様式が残存している。単純商品生産、つまり家族規模の小売業やサービス業などがそれである。

第二に、生産手段への支配力は、法的な所有関係だけでは決まらないこと。法的には所有していなくても、生産手段の運用の権限が一部の労働者に委ねられたり、その管理が独占されていれば、生産手段を所有している者に近い、生産手段への支配力をもつことになる。

第三に、搾取のために活用されうる資産は、生産手段だけではないということ。中でも重要なのは、高度な技術や資格、知識などの資産である。これらは、生産手段に準ずる価値をもつ。

こうしたことをすべて考慮に入れると、階級は、たった一個の基準で二分化されるものではなくなり、多元的な基準によって、いくつもの階級が分けられるようになる。論者によって分け方は異なるが、共通了解として、少なくとも4(＋1)個の階級を区別されている。

まず資本家階級がある。ついで、新中間階級がある。これは、生産手段を実質的に支配し、これを運用して、他の労働者を管理したり、監督したりしている者である。東電社員などは、主としてここに含まれる。次は、旧中間階級(伝統的プチブルジョワジー)。これは、小規模の小売業やサービス業等であり、マルクス主義者は、これを封建的な生産様式の残存と解釈する。

そして労働者階級がある。以上の四つ（資本家／新中間／旧中間／労働者）の下に、さらにアンダークラスという、労働者になれなかった人々が加わる。

「階級」概念に関する疑問

階級を区分する基準が多元化してくると、それは、ますます社会階層に近いものになってくる。そうすると、「社会階層」の他に「階級」という概念がどうして必要なのか、だんだんわからなくなってくる。どうして、特定の社会的資源、経済的な資源だけを特別視して、社会階層の一部を「階級」として切り出しておく必要があるのか？　「社会階層」という概念さえあれば、「階級」は不要なのではあるまいか。

また、現代の「後期資本主義社会」においては、労働のための客体的な条件からの分離を、労働者の定義と見なしてよいか疑問である。かつては、その「客体的条件」が、狭義の生産手段だけであり、それは全面的に資本家に握られていた。しかし、現代社会において主流になっている、知的・非物質的な労働に関して言えば、労働者は必ずしも客体的条件から疎外されてはいない。労働者は、たとえばコンピュータを所有し、そして何より資格や知識や技術をもっている。そもそも、そうしたものをもっていなければ、労働者としてすら認められない。資格とか知識とか、あるいはコンピュータといった、労働のための客体的条件をもっているからといって、彼らが搾取されていないわけではない。彼らは、なお搾取されており、自らの労働の実質をわがものにしているとは言えない。こうした状況を、従来の概念では十分に把握することができない。

「サブクラーク」という奇妙な階級

ソヴィエト連邦史の専門家ロバート・コンクエストは、階級の分類をめぐる、スターリン時代のある混乱を紹介しており、これをスラヴォイ・ジジェクが引用している。ここに、階級とは何かを考える、格好の材料がある。⑨

一九二八年から三三年にかけて、当時、農業の集団化を推進していたソ連共産党は、農民を三つの階級に分類する作業に従事した。三つの階級とは、土地を持たず、他人のために働かざるをえない「貧農」、搾取する側にまわったり、逆に搾取されたりすることもある「中間的自作農」、そして農業労働者を雇い、また彼らに金や種子等を貸してもいる「クラーク（富農）」である。この「貧農／中間的自作農／クラーク」の三分類が、「労働者／プチブル／資本家」の農業版であることは明らかである。

しかし、集団化との関係で、誰が階級の敵で、粛清されるべきかを確定しようとすると、たちまちこの三分類ではうまく機能しなくなる。たとえば、貧農でありながら、クラークと一緒になって、集団化に抵抗する者がいたりする。そこで共産党は、「サブクラーク」なる概念を案出した。経済的には、クラークと見なすにはあまりに貧困だが、「反革命」的な態度をクラークと共有している者という意味である。

けれども、このような概念を認めた瞬間に、客観的な階級概念はもう破綻している。客観的にはサブクラークを決定できない。サブクラークは、個人が、客観的な序列(階層構造)に対して、どのような主体的な関係をもったかを示しているのである。つまり、それは、客観的な序列が、主観の内に書き込まれたものである。われわれは、階級をこのようなものとして理解すべきではないか。つまり、客観的な階層序列に対する主体的な態度によって、階級を定義すべきではないか。階級は、階層の下位概念ではない。階層(客観的な指標によって判定できる)とはまったく異なった基準によって、階級は定義されるのだ。

4　ヘーゲル的主体としての資本

剰余価値

基本に立ち返って、階級とは何か、プロレタリアートとは何かを考え直す必要がある。マルクス主義にあっては、価値の原泉は労働にある。このように考えたのは、マルクス主義者だけではない。これは、マルクス以前からあるアイデアである。しかし、なぜ、労働が価値の原泉なのか、ということを最も深く考えたのは、やはりマルクスであろう。労働が価値の原泉とされているのは、個人が社会システムにどの程度深く参加しているのかを、労働において測ることができる(とされている)からである。社会システムは、主として、分業によって秩序づけられた社会的な労働の全体性なのだから、この結論は必然である。

ところが、労働力は逆説的な商品となる。この点を——労働力商品の逆説性を——見ぬいたのはマルクスである。労働力は、自分自身以上の価値を生み出すのである。その「自分自身以上の価値」こそ、剰余価値である。剰余価値が生まれるということは、労働力の使用のある部分に対しては、賃金が支払われていないということである。

資本家と労働者との関係において、労働者側は、価値ある労働力(のある部分)に対して、対価を受け取っていないことになる。ところで、労働者は、もう一度、資本家と関係をもつ場面がある。労働者は、同時に消費者でもあるからだ。彼は、労働者としては、自分の労働力のある部分の価値を——貨幣で換算した価値を——ゼロとされてしまった。今度は、その労働者は、消費者としては、価値ゼロの商品に対しても、貨幣をもって支払っている。これが、資本家側で、剰余価値になる。

「系統的体小化の法則」

この点を印象的に示す、気の利いたエッセイを、古生物学者のスティーヴン・ジェイ・グールドが書いているので、紹介しておこう。[10] 生物の進化の一般的な傾向性として、「系統的体大化に関するコープの法則」と呼ばれる法則がある。一つの進化の系統内では、動物の体のサイズは増大する傾向がある、というのがこの法則である。この法則に対する例外は、驚くほどわずかしかない。だが、進化の後の段階にいくほど体のサイズが大きくなる傾向があるのは、どうしてなのか、という点については、諸説があって、まだ確定的なことはわかっていないらしい。いずれにせよ、一系列の進化の過程では、生物の体は大きくなる傾向がある。

これと対比させて、グールドは、工業製品には「系統的体小化の法則」があるのではないか、と(ふざけて)言う。これを、彼は、子どもの時分より大好きだったというハーシーのチョコレートバーによって例示する。たとえば、一九四九年に五セントで売り出された一オンス(約二八グラム)のチョコレートバー(「ニッケル・バー」と呼ばれた)は、価格を維持したまま系統的体小化の過程をたどった。六六年九月に八分の七オンスに、六八年五月には四分の三オンスにまで縮小したのだ。このままの平均縮小率を維持していれば、一九七六年五月にはゼロオンスになって、自然消滅する予定だったが、一九六九年一月二四日に生産中止になった。

もっと価格が高いチョコレートバー、つまり二オンス一〇セントで売り出されたチョコレートバーも同じ体小化の過程をたどった。こちらは、五セントのバーよりも長続きし、「このままではゼロオンスになるのではないか」という予感を覚えるクリティカルな大きさの時点で、「突然変異」して大きくなった。が、同時に価格も一五セントに跳ね上がった。以下、似たような体小化と突然変異を繰り返すが、これにも法則性がある。突然変異のときに必ず価格が上がること、そして新しい価格のチョコレートバーの出発点での重さは、自分の「祖先」の出発時の重さより必ず小さいということ、この二つである。巨視的にも体小化の傾向があるのだ。(この過程は、日本の首相の支持率の変化に少し似ている。系統的に減少し、クリティカルなところで——首相交代によって——突然変異し……と同じ過程を繰り返す。)

この話でおもしろいのは、論理的には「将来のある時点で、五セントとか一〇セントという同一値段のゼロオンスのチョコレートバーを買うことになる」ような過程の中で、われわれはチョコバーを買っているということである。極限にあたるその仮想の将来時点では、消費者は無に対して支払う。このことは、言い換えれば、まだチョコバーがゼロオンスになる前から、われわれが支払った分の一部は、無に対する対価になっているということであろう。

しかし、これは笑い話ではない。実際に、われわれは、ほとんど無価値と思われる物に対しても支払っているからである。たとえばブランドに対する対価がそれである。ブランドによっては、生産や宣伝をどこかの別会社や海外の工場に委託しているだけではなく、デザインまでも社外のデザイナーに委託している。企業のトップがやっているのは、銀行から金を借りることだけである。それでも、その製品にその会社のブランドが銘打たれるだけで、価格がぐんと上がる。そのブランド名がなければ、同じ人が生産し、同じ人がデザインしても、はるかに安かっただろうから、われわれの支払いの大部分はブランドに対するものである。

一般に、どんな商品にも、「無」に対応する部分、対価を与えられる「無」の部分がある。それがなければ、商品としては成り立たない。つまり売られる意味がなくなってしまう。その無への対価が剰余価値である。生産者側の目標は、その「無」に対応する部分をできるだけ大きくすることにこそある。ハーシーのチョコレートバーの体小化も、そうした目標に向けた努力の産物であった。

実体としてのみならず主体として

こうして、貨幣が資本へと転化する。資本とは、貨幣に剰余価値が加わったもの、剰余価値を生みながら回転・転態する貨幣である。資本についてのマルクスの説明は、きわめてヘーゲル的である。昔から多くの論者が指摘してきたように、そこには、ヘーゲル的な語法や論理があふれている。

ヘーゲルの『精神現象学』で最も重要な主張をひとつ挙げるとすれば、実体を実体としてのみならず主体として捉えようということ、実体の主体への転化という論点であろう。マルクスが、「貨幣の資本への転化」を、ヘーゲルが言うところの「実体の主体への転化」に重ね合わせて理解していたことは、疑いようがない。マルクスのこうした見方を証明する明白な例を『資本論』から引いておこう。慣れない読者のために念のために書いておけば、Wは「商品」、Gは「貨幣」を意味する略号である。

独立の形態、すなわち商品の価値が単純なる流通でとる貨幣形態は、ただ商品交換を媒介するだけで、運動の終末において消失する〔W―G―W〕。これに反して、流通G―W―Gにおいては、両者、すなわち、商品と貨幣とは、ただ価値そのもののちがった存在様式としてのみ機能し、貨幣はその一般的の存在様式として、商品はその特別の、いわばただ仮装した存在様式としてのみ機能する。価値は、たえず一つの形態から他の形態に移行して、この運動の中に失われることがなく、かくて自動的な主体に転化される。増殖する価値が、その生涯の循環において、かわるがわるとる特別の現象形態を固定すれば、人は、資本は貨幣であり、資本は商品である、という声明を受取ることになる。しかし、実際においては、価値はここでは一つの過程の主体となる。この過程で価値は、貨幣と商品という形態の不断の交代の下にあって、その量自身を変化させ、剰余価値として、原初の価値としての自分自身から、突き放し、自己増殖をとげる。なぜかというに、価値が剰余価値を付け加える運動は、彼自身の運動であり、彼の増殖であり、したがって、自己増殖である。価値は、自分が価値であるから、価値を付け加えるという神秘的な性質を得る。……⑪

商品を売って、別の商品を手に入れる(W—G—W)という過程は、その後者の商品、すなわち目標となっていた商品を入手したところで、終わりを迎える。しかし、貨幣によって入手した商品を売って、より多くの貨幣を手に入れるという過程(G—W—G)は、手に入れた貨幣が再び、商品の購入に充てられるので、いつまでも終わりを迎えず、自動運動のように循環する。つまり、後者においては、価値は、GやWという形態をとりながらまるで自律的に運動する主体のようになっている。これこそが、マルクスによれば、資本という現象である。ヘーゲル的説明の極端なケースは、資本の運動が自分自身の前提を措定するという理解の中に見ることができる。次は、この点をキリストに託して説明している。

価値は、原初の価値としては、剰余価値として、自分自身から区別される。父なる神が、子なる神として自分自身から区別されるように。そして両者はおないどしである。そして事実上一身をなしている外にない。なぜかというに、一〇ポンドという剰余価値によってのみ、前貸しされた一〇〇ポンドは資本となるからである。それが資本となるや否や、すなわち、子が生まれ、そしてこの子によって父が生まれるや否や、その区別は再び消え、両者はともに一つとなる。一一〇ポンドとなる。[12]

子によって父がまさに父となるように、剰余価値によって、前貸しされた貨幣が資本となる。子という結果が、自分自身の原因である父を父たらしめているのである。マルクスは、自己運動する資本に、ヘーゲル的な「精神」を、実体から主体へと転化した「精神」を見出していることは間違いない。別の角度から見れば、ヘーゲルの「精神」が、資本の観念的な表現だったと言ってもよい。

観念論的倒錯は実際に生ずる

マルクスが、ヘーゲルの観念論を嘲笑的に批判して、次のように述べたことはよく知られている。

もし私が、ローマ法もゲルマン法もともに法であると言えば、それは当たり前のことである。しかし、法なるもの、この抽象物が、ローマ法やゲルマン法、その他の具体的な法の中で、自分自身を実現すると、私が述べたとしたら、抽象的な法と具体的な法との関係は、たちまち神秘的なものになる。[13]

ここで、マルクスは、ヘーゲルを斥けているように見える。しかし、マルクスの主要な論点は、さらに先にある。われわれは皆、後者の表現――「抽象的な法なるものが……」――が、不合理なことをよく知っている。しかし、資本の運動においては、まさにこの不合理で神秘的なことが生じているのである。資本が、貨幣として、商品として、労働力として、生産手段として……自己を実現している。

資本が、さまざまな具体的な形態の内に自己を実現しながら、その価値を増殖させていく。これは、(商品の)物神化、あるいは物象化と呼ばれる現象である。独特の社会関係の産物でしかない資本が、労働力を含む多様な商品の形態をとりながら、自己運動しているかのように現れている。重要なことは、物神化がどこで生じているかを、正確に見極めることである。いくらその不合理を意識・自覚していても、物神化は生じる。物神化は、資本の客観的な運動において、行為において生じている。『資本論』の有名な表現を借りれば、「人々はそれを意識してはいない。しかしそれを行う」と言うときの「行う」の部分で物神化が起きているのだ。これこそは、第Ⅱ章4節で「アイロニカルな没入」と呼んだ態度である。

物神化の最終的な産物が、いわゆる「三位一体範式」である。三位一体範式とは、労働・資本・土地の三幅対のことである。この三つの要素が、あらゆる生産過程において、生産物の価値の増殖に貢献するのだ。これら三つに対応する報酬が、賃金(労働者)、利潤(資本家)、そして地代(地主)である。

三位一体範式が完成したとき、剰余価値の原泉は完全に不可視化する。剰余価値の原泉は、労働力なので、理論上は、不変資本と可変資本の区別が大事なはずだ。可変資本とは、労働力に投下された資本、労働力の購入に充てられた資本で、その価値が増殖する。不変資本は、労働力以外のものに投下された資本で、価値の変化には関係がない。資本の価値の増殖にとって重要な理論上の区別は、不変資本と可変資本の区別にある。

しかし、資本家がもっぱら関心をもつのは、流動資本と固定資本の区別である。流動資本とは、原材料や労働力など、一回の生産過程の中でその価値をすべて生産物に移転してしまうモノに使われる資本であり、資本家としては、一つの「商品」の中ですべて「元」が取り返せないと困る。それに対して、固定資本は、機械や建物など、何回もの生産過程の中で、徐々にその価値を生産物に移転していくモノ、つまり減価償却するモノのことである。資本家は、商品を得ることで、流動資本に投下した分と減価償却分を取り戻すことができたか、それ以上稼ぐことができたかを気に掛ける。

したがって、資本の深層構造には「不変資本／可変資本」のダイコトミーがあって、これがすべての過程を規定している。しかし、資本家の目にふれる表層構造においては「流動資本／固定資本」のダイコトミーが重要なものに見えている。前者のダイコトミーが後者のダイコトミーへと変換されているのだ。資本家は、前者を考慮するより、後者を考慮して生産や販売を計画する方が合理的であるように考えている。彼には、剰余価値が労働力から生まれていることは見えていない。

マルクスはどうして……

しかし、資本＝ヘーゲル的主体（と化した「精神」）という図式を最後まで貫徹させることはできない。その理由は簡単である。資本が、増殖しつつ、さまざまな具体的な形式をとりながら、自己運動するという像は、物神化に基づく錯覚だからである。資本は、決して、内在的に自己運動するわけではない。この運動を可能にしているもの、この運動を支えている要因は、資本の外部にある。それこそ、労働者の搾取（に基づく剰余価値の生産）である。

さて、すると、ここでわれわれは一つの疑問に逢着する。マルクスは、どうして、直接に労働者の搾取を告発することにしなかったのか？　なぜ、ヘーゲル的な文体に従った、資本の物神化された様相の記述を必要とするのか？　マルクスは、どうして、プルードンのように、いきなり「財産は盗みだ」という結論に飛びつかなかったのだろうか？

マルクスが詳述した、資本についてのこの錯覚は、次のいずれでもないことが重要である。第一に、これは、当事者たちの誤った意識に映ったものではない。何度も述べているように彼らは、冷めた唯名論者であり、彼らの意識は、資本や商品の神学的なひねりとは無関係である。彼らは、別に資本が自己運動する主体だとは思っていない。「資本の増殖」という語を、一種の比喩のつもりで語っているだけだ。しかし、第二に、これは、事態の客観的な真相でもない。客観的な事態は、労働者の搾取に基づく剰余価値の生産なのだから、資本が自律的な主体であるわけではない。

5　発話内容と発話行為

ヘーゲルの再観念論化

物神化・物象化は、フォイエルバッハ的、あるいは初期マルクス的な自覚によっては、解消されない。フォイエルバッハ的(初期マルクス的)な自覚とは、神や資本といった実体が、実は、人間の内的な本質の外化＝疎外された形象であった、というタイプの認識である。こうした認識によっては、資本を止揚するような革命的な行動は喚起されたりはしない。資本主義に内在している個々のメンバーは、初めから、そのような自覚をもっているからである。

マルクスがなそうとしたこと、それは、主体が、主体の意識や思惟が客観的な社会過程——資本の運動——に書き込まれる場所を、フォイエルバッハ（初期マルクス）からシフトさせることである。その意味を説明するためには、ヘーゲルを基準にして、フォイエルバッハ（初期マルクス）とマルクスの位置を確定しておくのがよい。

普通は、次のように考えられている。観念論的なヘーゲルをマルクスが唯物論化した、と。しかし、誤解を恐れずにあえて言えば、マルクスは、ヘーゲル以上に観念論的であり、ヘーゲルを再観念論化している、と解釈してみることもできるのだ。ヘーゲルは、見ようによっては、意外と唯物論的である。たとえば、彼は「ミネルヴァの梟は夕暮れに飛ぶ」と言う。人間の思考が、客観的な事象を後追いすることしかできず、思考が事象に影響を与える可能性を断念しているのだ。これに比べると、フォイエルバッハや初期マルクスは、ずっと観念論的である。客観的なものとして見えている事象が、人間の側の構築物であることを理解し、思考することで、その客観的な事象を解消したり、克服したりすることができる、とされているからである。

彼ら、つまりヘーゲルやフォイエルバッハとの関係で、（後期）マルクスはどこにいるのか。マルクスは、ヘーゲルのように、人間は、起きてしまったことをただ追認することができるだけだ、などとは考えない。ある意味で、人間の「思考」が、客観的な事象を規定しうるとマルクスは見ている。その意味で、マルクスは、ヘーゲルよりも観念論的である。しかし、(後期)マルクスは、「思考」が客観的な事象に関わるポイントを、フォイエルバッハ(初期マルクス)とは異なるところに、言わばヘーゲルを挟んで対照的な位置に求めている。このことの趣旨を説明するには、言語行為論の助けを借りるのがよい。

言語行為論の教訓

言語行為論は、人は発話することにおいて行為している、ということの意味を徹底的に考え抜いた思想である。その重要な発見は、発話内容(何を語ったか)と発話行為(何をしたか)の間には必ずズレが生ずる、ということである。たとえば、「明日の午後、時間が空いていますか」は、発話内容としては、事実についての質問だが、発話行為としては、相手に対する依頼や誘いである。念のために付け加えておけば、直接に行為を明示するような発話、たとえば「私はあなたに、明日の午後、私と会うことをお願いする」といったような発話においてさえも、発話内容と発話行為とは合致するわけではない。実際、そんな言葉で誰かから依頼を受けることを想像してみればよい。「そんなにはっきりと依頼されるということは、これはただの依頼じゃないぞ」と感じるに違いない。発話内容の中で依頼を明示すれば、それは依頼以上のもの、依頼以外のものになってしまうのだ。このように、発話内容と発話行為とは合致しない。

簡単に言えば、発話内容の水準だけを問題にしているのが、フォイエルバッハ(初期マルクス)である。たとえば、「神という観念は、私の内的な想いを外部に投影したものに過ぎない」と自覚し、明示し、発話できるようになれば、「神」なる観念の呪縛から逃れられる、という前提に立っているのが、フォイエルバッハだからである。それに対して、ヘーゲルは、観念が、発話内容や自覚内容には還元できない客観性をもつと考えている。だから、ヘーゲルの「精神」は客観性をもつのである。最後に(後期)マルクスは、どこにいるのか。マルクスは、観念が主体と関わるポイントを、発話内容ではなく、発話行為の水準に求めたのだ。人は何を発話したのかということとは別に、その発話において何かを行っている。その「行っていること」の部分で、主体は、一見客観性をもって自立している観念と関わっている。

かつて、ルカーチが、「意識」と「(単なる)知識」という区別を打ち立てたことがある。この場合の「意識」はルカーチ固有の用法で、われわれがこの語を用いるときの意味とは違うので注意してもらいたいが、とりあえず、この文脈では、ルカーチのこの二分法は役に立つ。ルカーチの「知識」は、外的な事物についての中立的な記述である。それに対して、「意識」は、その外的な事物への実践的な関わりとの関係で存在している。「知識」が発話内容に、「意識」が発話行為に、それぞれ対応している。

コミットメントはどこで生じていたのか？

何ごとかを語ることは、常に、何ごとかをなすことである。言い換えれば、人は発話するたびに、何か新しいことをなした主体として自分を措定し、宣言しているに等しいのだ。ただし、行為において宣言されていることは、発話された内容とは異なっている。何ごとかを発話することによって、人は、その発話された内容に対して、自分自身がどのように関係しているかを定義し、表現しているのである。

先に、（商品や貨幣の）物神化や物象化は、意識（ルカーチの語法とは異なるので注意）ではなく行為の水準で生じている、と述べた。それは、この文脈に映せば、発話内容ではなく、発話行為の水準において物神化・物象化が生じている、と述べているのと同じである。資本へのコミットメントを表明しているのもこの発話行為の水準である。そうであるとすれば、それを拒否する主体が書き込まれるのも、この水準でなくてはならない。

マルクスが、多くの社会主義者とは異なって、直接に搾取を告発するのではなく、長々と資本についての錯覚を――ヘーゲルの論理を用いながら――記述した理由は、ここにある。もし、資本へのコミットメント、貨幣や資本への従属が、「発話内容」のレベルに属する出来事であれば、「剰余価値は搾取だ」「財産は盗みだ」と宣言するだけで、事足りる。そう自覚したとたんに、貨幣や資本への執着は消えるからだ。しかし、実際には、そうした発話内容、意識内容には還元できないかたちで、資本や貨幣は、自律的な主体のようにふるまう。まずは、この点を認めた上でなければ、個々の人間主体が、つまりは労働する主体が、資本や貨幣と関わり、かつそこから離脱するポイントを正確に見定めることができはしないのだ。

6　社会運動の指導者

無意識の構成

発話行為は、発話内容に対してメタ的な水準に立つ。さらに、あるレベルの発話行為そのものを発話内容とするような、より上位の発話行為を考えることができる。たとえば、「質問」（「明日の午後は暇ですか」）というオブジェクトレベルの発話内容O_1によって、遊びに誘うという行為M_1を遂行できる。その上で、「誘う」という行為自体を内容$M_1=O_2$として、さらにメタレベルの行為、愛していることの告白M_2を行うことができる。等々。

$$O_1 \rightarrow M_1=O_2 \rightarrow M_2=O_3 \rightarrow M_3=O_4 \rightarrow \cdots\cdots \rightarrow M_{n-1}=O_n$$

このメタレベルへと向かう階梯を昇っていくことによって、より基礎的な発話行為に到達することができる。ここで、すこぶる重要なことは、最も基礎的な発話行為は常に無意識だということである。本人は、そうとは自覚することなく、ある行為を行っている。

こうした場面に、われわれはしばしば遭遇している。たとえば、「あの人、日本の将来を憂えていると言っているつもりだけれども、ほんとうは頭がいいというところを見せびらかしたいだけなんだ」などと感じるときがよくあるだろう。このとき、当人は、自分が自己顕示のためにそうしていることを自覚していない。彼または彼女は、真に愛国的な使命感のみでそうしている、と思っていたりする。

声による発話だけではなく、文字による発言、ときには論文のようなすみずみにまで意識的な計算が行き届いているような発言に関してさえも、同じことは言える。また究極の発話行為が、常に無意識であることを思うと、前節の最後にあげたルカーチの語法——「知識」に対するところの「意識」という語——は、誤解をまねく表現であることもわかる。

無意識であるということは、単に、その心的内容が隠れている、ということではない。その発話行為が何であるかということ、その発話行為において何が宣言されたかということ、その発話行為において主体が何者になったかということ、こうしたことは、当人自身には透明には自覚されていないが、他者によって、他者の視点に対しては明らかなとき、それは無意識という構成をとる。

行為する主体の真実を知る他者は、たとえば精神分析の場面では、もちろん分析医である。

私の術語を用いて一般化すれば、「第三者の審級」がそのような他者にあたる。逆に言えば、行為の意味が第三者の審級に認知されなかった場合には、もう少し厳密に言い換えれば、第三者の審級による認知を主体自身が再回収して、自分が(第三者の審級に)認知されたことを認知しなかった場合には、その行為は、客観的な世界、社会的な世界に登録されることなく消えてしまう。そのような行為は、存在しなかったことになる。

こうした構成を例証する事実を一つ挙げておこう。それは、階級や社会運動の担い手について論じている目下の文脈からすると、いささか唐突と思われる事実である。

権威あるテクストの逆説

それは、学問的な探究、とりわけ人文・社会系の学問にはしばしば見られるある逆説だ。かつて、学問とはほとんど、正典とされた権威あるテクストの解釈であった。真理は、権威あるテクストに書かれていると見なされていたのである。だが、啓蒙主義は、真理を、こうした権威あるテクストの桎梏から解き放った。真理を目指す思考の自由と無条件の権威とは両立しない。これが啓蒙主義の信じるところであった。ところが、啓蒙の時代の後でも、「権威は思考の自由を妨げる」という命題は、必ずしも妥当しないのだ。

たとえば、マルクス以降の経済学や社会科学、フロイト以降の心理学や精神医学、あるいはソシュール以降の言語学や言語思想を想い起こしてみればよい。マルクス、フロイト、ソシュール等のテクストは、ときに、批判を超越した権威と見なされている。マルクスの『資本論』や『経済学・哲学草稿』を読むことを通じて、資本主義や人間の社会的なあり方についての真実が探究されてきた。フロイトの『夢解釈』や『モーセという男と一神教』の解釈を媒介にして、人間の心理の真相が考察されてきた。あるいは、ソシュールの『一般言語学講義』の解釈は、そのまま言語や人間精神のあり方を探究するものであると見なされてきた。こうした研究において、マルクスやフロイトやソシュールのテクストに対する態度はまことに権威主義的であり、それらは真理の基準そのものを与えているかのように扱われている。たとえば精神分析において、フロイトのテクストは、他の者たちの論文や著作、つまり弟子やフォロワーたちのテクストと同格に扱うわけにはいかない。後者に関しては、事実に反することや辻褄のあわないことが書かれていれば、「誤りだ」と批判すればよい。しかし、フロイトのテクストの中に、筋の通らないことや事実誤認らしきものが見つかったとしても、ただ反駁して、斥けるわけにはいかない。そういうときには、フロイト自身に批判させるのだ。たとえば、後の「死の欲動」の発見に伴う認識論的な断絶によって、その部分は乗り越えられた、等と。マルクスやフロイトやソシュールのテクストは、まさにかつての宗教的な正典に類する権威を帯びているのである。このように論じている、われわれの目下の研究でも、マルクスやヘーゲルは、まさにそのような権威の位置に置かれている。

　こうしたことは、啓蒙主義の観点からするとたいへんよろしくない状況である。マルクスのテクストに縛られずに、自由に資本主義のメカニズムを分析すべきである。フロイトのテクストから自由に、人間の心理の様態を実証的に研究すべきである。ソシュールの講義に執着せずに、虚心に言語の実相を調べるべきである。これが啓蒙主義の推奨することであるし、実際に、そのような研究もたくさんなされてきた。

　ところが、である。問題はこの先だ。啓蒙主義からするとまったく誤算と言わざるをえないことに、こうした自由な探究は、必ずしも、深く実り豊かな結果をもたらさないのだ。むしろ、逆に、しばしば、自由なはずの研究は、権威に拘束された探究よりもはるかに浅薄な命題しか導きだせない。たとえば、フロイトのテクストを反証可能な仮説の一つとしか見なさないような、実証主義的な心理学は、フロイトに教条主義的に拘泥する研究よりもはるかに貧困なことしか主張していない。

　どうしてこんなことになるのか。フロイトやマルクスのテクストが、研究主体がまさに知ろうとしている真理を予め知っているはずの第三者の審級として機能しているからである。研究主体は、第三者の審級が知っていることを知ろうとする。そのことを通じて、彼は、無意識の発見を対自化することに成功する。権威あるテクストという他者を媒介にした研究の方が、自由で孤独な研究よりも、しばしば深い真実に到達するのはこのためである。無意識の洞察に到達するためには、他者という外部性がどうしても必要なのだ。

愛の告白のように……

われわれは、さらに次のことを知っている。人は、発話行為において、常に何ごとかを表現し、何者かとして自分を定義している。だが、最も重要なことは、自分自身を十全に定義するようなことを表現しようとしても、それは必ず失敗する、ということである。失敗において表現されることにこそ、むしろ、主体の真実がある。たとえば、人は愛の告白において、常に口ごもる。告白において、人は言葉が足りなかったり、逆に饒舌すぎたり、あるいは不適切な語彙を用いたりしてしまうものだ。本気のラブレターの文体は、常にどこか乱れている。相手に対して、愛をうまく伝えられないということ、そのことこそが、愛の真実の証拠である。実際、簡潔にして要を得ていて、いかなる乱れもない「愛の告白」を受けたと想像してみればよい。逆に、その愛には真実みが感じられないだろう。セールスマンの説得がうさんくさいのは、その説明があまりにもなめらかだからである。上手な説明は、むしろそれが虚偽であることを示唆している。

言語行為において自分自身を十全に表現し尽くすことは、第三者の審級によって承認された客観的・社会的な場所に自分を位置づけること、そのような場所を引き受け、そこに安住することを含意する。言い換えれば、表現の失敗は、そのような客観的な場所への違和、あるいはより積極的にそうした場所への拒否を示している。

このことを考慮すると、前項で述べた、古典的なテクストを「真理を知っている(はずの)第三者の審級」として動員する方法にも、問題があることがわかる。第三者の審級に帰属する真理に到達したと思ったところで、探究は終わってしまう。そのように納得したところで、彼は、自分を表現し尽くした、自分が求めていた真理に到達したという幻想を獲得することになる。しかし、そうして確立した「真理」、巧みに整序されている「真理」は、失敗においてしか示されない主体の真実を、常に裏切っている。

権威あるテクストを通じて「真理に到達した」と思いなすことは、主体が、社会システムのしかるべき場所に――たとえば正規労働者としての地位に、あるいは誇るべき民族の一員という身分に――自分自身の安住の地を見出し、そこにおいて自己のアイデンティティの本質が十全に表現され、承認され尽くしている、と感じている状況と類比的である。アイデンティティの承認を目的とする「新しい社会運動」が目指していたものは、実際、社会システムにおけるこのような場所である。しかし、われわれは皆、よく知っているではないか。巧みに、なめらかに表現され尽くしている〈私〉など、常に、偽物である、と。

無知な教師

第2節で引いた、ソクラテスの「産婆術」が意味をもつのは、まさにこの局面である。柄谷行人は、プラトンの「哲人」とソクラテスとは違う、と強調しているが、ポイントはまさにそこにある。今述べたように、たとえば、「権威あるテクスト」の例では、そこに書かれていることを解釈し終えたと研究主体が判断したところで、彼は、自分を表現し尽くした、自分が求めていた真理に到達したという幻想を獲得し、探究は終結する。

だが、ソクラテスは、そのような安住を許さない。なぜか？　ソクラテス自身も真理を知らないからである。プラトンの哲人は、「真理」を知っているがゆえに、支配者として都市国家に君臨することができるのだが、ソクラテスは、まさにその支配者たりうるための資格、支配者の根拠となりうる当のものをもってはいない。

ソクラテス(という第三者の審級)の視点を媒介にして、人はまず、自分もまた真理を知らなかったということを、したがって自分が今まで正しい自己表現であると見なしていたものが誤りであることを見出す。ソクラテスの問答法は、それゆえ、人に、安定的なアイデンティティを与えるものではなく、逆にそれを壊すものである。ソクラテスから、挑発的に問われた者は、対話を通じてやがて、自分がそれまで引き受けていた社会的な地位や役割や身分に疑問を付すようになる。

真理を知らない指導者と対話したり、問答したりすることに、何の価値があるのか、と訝る者もいるだろう。しかし、ソクラテスは、それでも十分な効果があることの、歴史的な実例である。重要なのは、「真理」の方ではなく、人に問い、考えることを誘発する他者の現前の方だからである。ソクラテスに加えて、もう一つ例を挙げておこう。フランスの政治哲学者ジャック・ランシエールが『無知な教師』で考察している例である[14]。

一九世紀の前半、ジョゼフ・ジャコトというフランス人教師がオランダで教壇に立った。彼は、この地に亡命してきたのだ。実は彼は、オランダ語がまったくできなかったので、一冊の対訳本を配布する以外にはほとんど何もしなかった。にもかかわらず、つまり何も教えなかったにもかかわらず、彼は、オランダの学生たちが着実にフランス語を習得するのを目の当たりにする。ここで教育効果を発揮したのは、無知であれ、教師がいたという事実である。

神の不信仰

第2節で述べたように、キルケゴールは、ソクラテスにキリストを対置した。あるいは、ソクラテスとキリストを並置した。ソクラテスの延長上に、イエス・キリストを位置づけることができるのではないか。

ソクラテスにおいても、どこかに真理が存在していることは前提である。したがって、その真理を知っている理念的・可能的な主体の存在も前提である。その主体の域に同一化することを通じて、人は真理に到達する。それは、すでに存在していたものの回復という形式をとるので、「想起」の一種として語られることになる。ソクラテスが開いた道を、さらに前に進むには、「キリストの信仰」ということに注目すればよい。

「キリストの信仰」という語は、両義的である。キリストの信仰とは、一方では、神であるところのキリストを（信者が）信仰することだが、他方では、人としてのキリストが（神を）信仰することでもある。後者のように解した場合、つまり「の」を主格と見なした場合には、キリストは、人々にとって、信仰のロール・モデルである。人は、キリストが神を信仰するように、神を信仰しようとするのだ。キリストは、純粋な信仰において、神＝真理を知る者であり、人はその信仰に漸近しようとする。

だが、しかし、究極の地点で、驚くべき逆説が待っている。十字架の上で、死の直前の断末魔の叫びとして、キリストは、父なる神への不信を表明するのである！　理想的な信仰を体現しているはずのキリスト自身が、信じていないのだ。つまり、あの瞬間、神自身が神を信じていないのだ。最初、キリストは、神を信じ、真理を知る者として人々の前に現れる。人間は、キリストを媒介にして信仰し、思索し、そして真理を得ようとする。が、最後にキリストが示すものは、神＝真理の存在への懐疑である。人は、キリストが所有しているはずの真理を目指していたのに、そこは〈無〉かもしれないのだ。そうだとすると、思考は、永遠にゴールに到達することができず、いつまでも懐疑をめぐって循環し続けるしかない。

以上の過程を要約すると、次のようになる。最初、人は、自分自身を表現し、表象することに失敗する。そこで人は、その失敗を、第三者の審級としてのキリストに同一化することによって克服しようとする。だが、第三者の審級＝神自身もまた失敗しているのである。ここには、二重の失敗がある。

自己についての真理を表明し終えたと感受することは、社会システムの中の特定の位置に安住することに比せられる、と述べておいた。とすれば、この二重の失敗は、既存の社会システムの中に安住することの徹底した拒否である。

「革命における党の役割」という悪評高き主題

以上の考察が、革命——と言うにはためらわれるとすれば、少なくとも社会構造の基礎にまでメスを入れるような抜本的な社会運動——の担い手は何か、という問題に、どのように貢献するのか。この考察は、古くかつ悪評高い主題を再発掘し、それに独特のひねりを加えるのである。悪評高い主題とは、革命における前衛党や指導者の役割という問題である。前衛党や指導者が、大衆を教導するというイメージは、権力的でエリート主義的なものとして、今では、「革命」を唱える左翼でも正面から話題にすることはない。

しかし、労働者階級をほうっておくと、彼らが自発的に己の歴史的使命を覚って、運動のために立ち上がる、などということがないこともわかっている。そこで、かつては、ものをわかっている知識人や党が、状況を客観的に分析し、労働者階級に正しい知識を注入し、彼らにその使命を自覚させる必要がある、と論じられてきた。それによって、労働者階級は、即自的階級(無知の中にまどろんでいる階級)から対自的階級(自分の使命を自覚した階級)への移行が果たされる、というわけである。

しかし、このモデルは間違っている。どこに問題があるのか。普通、党などの上からの指導は革命自体を自滅させる、と批判されている。つまり、労働者階級の自発性にまかせよ、と。

だが、ここまでの理論的な考察の示唆に従えば、問題の所在はここではない。労働者階級に対して、「前衛党」にあたるような外部から介入する他者が必要なことは確かである。アテナイ市民にとってのソクラテスのように、ユダヤ人にとってのキリストのように。しかし、その「前衛党」が、歴史についての真理を知っているから介入するわけではない。彼らも、何も知らないし、彼ら自身も懐疑の中にある。しかし、なお他者からの衝撃が必要である。

7　プロレタリアートのラディカルな普遍化

プロレタリアートの社会的な普遍化

本章冒頭の指摘に立ち戻ろう。マルクスの「革命 Klasse」の概念には、プロレタリアートが「召命 klēsis」によって革命の主体として立ち上がる、というイメージがある。ここでの考察は、こうしたロマンティックなヴィジョンに、理論的な裏付けを与えたと言ってもよいだろう。召命の主体、呼びかけの主体は、もちろん、無知な指導者、懐疑する指導者である。

ところで、なぜプロレタリアートが呼びかけられるのか？　そもそも、プロレタリアートとは誰のことなのか？　前節の考察の流れから示されるように、呼びかけられるのは、社会システムの中のどの場所においても「何者か」であることができない者、どこにあっても原理的にアイデンティティの承認を受けられず、安住することができない者である。そのような者として、プロレタリアートが名指されるのは、プロレタリアートが、「剝奪」(労働力以外には何ももたない)によって定義されているからである。つまり、プロレタリアートが、資本主義社会の中で、何者かになることを阻まれている者たちだからである。

さて、「剝奪」ということが重要なのだとすれば、今や、プロレタリアの概念を普遍化すべきときではないのか。この概念の下に包摂できる人間の種類を遥かに拡げるときではないか。自分が何者でもないということを自覚する者、自分が同一化すべき内容が社会のどこにもないと自覚している者、哲学の語彙を用いれば、自分がデカルトの「コギト」やカントの「超越論的な自我」のように内実をはぎとられた空虚な視点以外の者ではないと感じている者、これはすべてプロレタリアートなのだ、と。

確かに、これは危険な一般化である。実際に富を剝奪されて貧困にあえいでいる者と、たとえば「自分探し」の精神的な迷いの中で引きこもっている若者とを、同じカテゴリーの中に投げこむような一般化は、概念のもつ社会的な批判力を著しく削いでしまう恐れもある。

しかし、それでも、古典的なプロレタリアの概念にしがみつくことは、現代社会では、あまり意味がない。主要な労働の姿が変わってしまったことによって、搾取の意味も古典的なままでは維持できないからである。広義の知的な労働――科学的な知識はもちろんだが、それだけではなくコンピュータや法律などについての実践的なノウハウの知識に基づく労働――が、主要な労働の形態となったとき、もはや、労働時間で搾取を測ることはできない。

そもそも、マルクスが「身分」に代えて「階級」という概念を選んだとき、プロレタリアートのこのような普遍化は予感されていた。身分は、各主体に生まれつき配分される、社会システム内での安定的なアイデンティティである。階級は、そのような内容豊かなアイデンティティを奪われてしまった者たちが、後天的に身に帯びる社会的な規定である。身分から階級へとシステムの序列原理が変更されたとき、主体は、いったん、無内容な個人へと還元される。ただ、ブルジョワジー、つまり富において恵まれていた者は、そのような還元・剝奪のもつ意味について、相対的に鈍感でいられただけだ。潜在的にはブルジョワジーをも襲っていた困難を、先鋭に自覚する社会的なポジションが、プロレタリアートだった。とすれば、プロレタリアートの概念が、普遍化されたとしても、それは概念の本義を裏切るやり方ではない。

前未来の第三者の審級

第Ⅲ章で、原発について考え、選択するためには、未来の他者とのある種の連帯が必要だ、と述べた。最後に、階級をめぐる本章の考察は、この問題とも直結している、ということを指摘しておかねばならない。

われわれは、第Ⅲ章で、次のような結論に至った。未来の他者はどこか遠くにいるわけでもなければ、われわれの超人的な想像力によって表象されるわけでもなく、現在のわれわれとともに、今ここにいるのだ、と。

しかし、未来の他者をわれわれの内に喚起するためには、触媒が必要だ、ということが第Ⅲ章の議論の中で暗示されていた。触媒とは、前未来（未来完了）の観点から、現在のわれわれを見返す第三者の審級である。ギュンター・アンデルスの寓話において、「灰を被ってやってきたノア」が、前未来の観点にある第三者の審級――「それはすでに終わってしまっているだろう」という観点からわれわれを見る第三者の審級――である。

本章で提起した、無知な指導者、懐疑する指導者という像は、この前未来の第三者の審級として機能する。これが、最後に提起しておきたいテーゼである。どうしてこのように断定することができるのかは、未来の他者が、他のタイプの他者たち、つまり同時代の他者や過去の他者とどう違うのかを考えてみると理解できるだろう。未来の他者は、極大の不確定性をもつ点において、他の他者たちと質的に区別される。彼らがどんな意志をもち、何を欲望するのかまったく不確定である。そもそも、彼らが存在することになるのかどうかすらわからない。ところで、真理を知らず、自分が何を知っているかも知らず、また自分が信ずるべきことについても懐疑している指導者(第三者の審級)は、つまり、自分自身をひとつの謎として引き受けるしかない指導者(第三者の審級)は、まさに、このような意味での未来の他者と同じ本性を分けもっていると言えるのではないか。無知で、懐疑する指導者が、前未来の第三者の審級でもある、というのはこのような意味においてである。

(1)　ジョルジョ・アガンベン『残りの時』上村忠男訳、岩波書店、二〇〇五年。

(2) マルクス『ヘーゲル法哲学批判』。
(3) 堀江邦夫『原発ジプシー』現代書館、一九七九年。
(4) 第Ⅲ章の注(11)を参照。
(5) 橋本健二『階級社会――現代日本の格差を問う』講談社選書メチエ、二〇〇六年。
(6) 「貧しさ」よりも「寂しさ」、という表現は、社会学者鈴木謙介による。
(7) 長谷川公一『脱原子力社会へ』。
(8) 柄谷行人「哲学の起源」『新潮』二〇一一年七―一二月号。
(9) Robert Conquest, *The Harvest of Sorrow* New York: Oxford University Pess, 1986.
(10) スティーヴン・ジェイ・グールド「ハーシーのチョコレートバーにおける系統的体小化」『ニワトリの歯』下、渡辺政隆ほか訳、ハヤカワ文庫、一九九七年。
(11) カール・マルクス『資本論』第一巻・第二篇・第四章・第一節。
(12) マルクス、同右。
(13) マルクス『資本論』第一巻、ドイツ語初版への付録、一八六七年(岡崎次郎訳『資本論第一巻初版――第一章および付録「価値形態」』国民文庫、一九七六年)、引用は拙訳。
(14) ジャック・ランシエール『無知な教師――知性の解放について』梶田裕ほか訳、法政大学出版局、二〇一一年。

結　特異な社会契約

1　本論の回顧

私は、「序」で次のように述べた。われわれは、3・11の(悪)夢を突き抜けるような仕方で、覚醒しなくてはならない、と。われわれに必要なのは、夢から現実へと退避する覚醒ではなく、夢に内在し、それを突き抜ける覚醒、夢よりもさらに深い覚醒である、と。夢よりも深い覚醒とは、3・11の出来事の詩的真実を記述し、説明することである。序で述べたように、ここで「詩的真実」という語は、3・11にどこかロマンティックな美しさがあるという趣旨で用いられているわけではない。日常的な現実において「可能なこと」を規定する座標軸を否定してしまうようなアスペクトが、3・11の出来事にはあった、という意味である。

3・11の詩的真実をめぐるここまでの探究を、ごく簡単に要約しておこう。

まず、第I章で、次のことを確認した。すなわち、3・11の津波や原発事故のような破局的な出来事は、われわれの倫理の最終的な無根拠性を、倫理の仮構性を抗いようもなく示してしまうということ。このとき、われわれは、どうやってなお選択をなしうるのか？　これが妥当である、これが適切であると納得がいくような社会的な決定を、どのようにしてもたらしたらよいのか？

こうした問いにそった探究を進める前に、第Ⅱ章では、「原子力」が、日本の戦後史の中でもった意味について考察した。原子力は、戦後の日本人にとって、神のごときものであった。原子力は、何よりも理想の時代の「理想」の具体化された姿だった。理想の時代の後、つまり虚構の時代と不可能性の時代においては、原子力への熱狂は、目立たないものになる。日本人の原子力への関わりが、「アイロニカルな没入」の形式を取っていたからである。実際に、日本列島の各所に原発が次々と建設されたのは、このアイロニカルな没入によって特徴づけられる時代である。

第Ⅲ章から、第Ⅰ章に提起された問いの探究が始まる。第Ⅲ章の主題は、「未来の他者」であった。脱原発社会を目指すか否かという問いは、基本的には、最も易しい倫理学の問題、私が「偽ソフィーの選択」と名づけた問題である。だが、原発は、未来の他者、われわれが直接に実感したり、具体的に想像したりすることがとうていかなわないような何万年も先の未来の他者の欲望や利害や生存に関わっており、そうした未来の他者を組み込んだ瞬間に、偽ソフィーの選択は、最も難しい倫理学的な問題、つまり真正のソフィーの選択へと転換する。

第Ⅳ章では、原発問題の神学的な形式について考察した。原発事故に対応する宗教的なメッセージ、それは、洗礼者ヨハネの福音（「神の国は近づいた」）からは区別された、イエス固有の福音――「神の国はあなたがたの内にある」――である。この福音は、その表面的な意味あいとは逆に、非常に恐ろしく切迫した啓示となりうる。かくして、これは人を行動へと駆り立てずにはおかない。現に、イエス・キリスト自身が、原初の革命家であった。

第V章では、われわれは、古典的な社会(科)学の概念、「階級」の概念を鍛え直すことを通じて、問題をとらえるための枠組みの全体を再構築した。この中で、われわれは、社会構造の根幹に関わるような抜本的な社会運動にとって、「指導者」がどのような機能を果たすのか、どのような意味において指導者が必要なのか、を明らかにしたのであった。この章の最後に、「プロレタリア」という、ほとんど捨て去られていた概念を、徹底した普遍化を媒介にして復活させることの意義について論じている。

第Ⅲ章から第V章までの三つの章は、同じ主題の変奏である。どの章も、同じ結論に到達している。これらは、同じ山頂に登る、三つのルートのようなものである。山頂に見出したもの、それは、きわめて特殊な「第三者の審級」である。すなわち、未来の他者の代理人になるような、開かれた――極大の不確実性をもった――第三者の審級、前未来の様相をもって現在を見返す第三者の審級だ。

最後に、このような第三者の審級を――単なる観念としてではなく――社会的な実践の場に、どのようにしたら導入することができるのか、その方法について、短い提案をしておこう。以下は、可能な導入方法のうちの一つに過ぎない。つまり、それは、唯一の方法というわけではない。

2　社会契約の特異な方法

合理的討議の盲点

それは、独特の民主主義的な決定、特異な社会契約という形式をとる。

一般にわれわれは、いかなる超越的な規制や権威からも自由な、完全に平等な諸個人の間の合理的な討議・熟議が、最も望ましい集合的な意志決定の方法、民主主義の最も理想的な形態であると見なしてきた。こうした方法の最も熱心な推奨者として、現代ドイツの哲学者ユルゲン・ハーバーマスを挙げることができるだろう(1)。だが、この方法には二つの限界がある。

第一に、この方法では、第Ⅲ章で指摘した問題、つまり、現在共存している者たちの間の合意しか得られない。この合理的な討議の場に、未来の他者たちを招き入れることができないのだ。ジョン・ロールズの「無知のヴェール」は、社会契約に参加する者たちを超越的な権威や規制の拘束から解放し、彼らの間の平等性を確保する方法であった。しかし、ロールズ自身が認めていたように、この方法では、不在の他者たち——すでに存在しない他者(過去の世代)やいまだに存在しない他者（将来の世代）――は、社会契約（合意のための討議）の場から排除されてしまう。

第二に、この「合理的な討議・熟議」と称する方法は、言説の領域を支配しているある法則をまったく考慮に入れていない。ハーバーマス的な討議では、無条件の超越的権威をもつ要素は、すべて言説にとって無用の障害物として除去される。しかし、言説は、いくつかの記号《シニフィアン》が――少なくとも一つの記号が――、超越的な権威をもたなければ機能しないのである。ある記号が「超越的な権威を有する」とは、それが他の記号によって説明されない、他の記号たちによって基礎づけられていない、という意味である。他の記号によって定義できないという意味では、それは「シニフィエ（意味内容）」をもたないシニフィアン（記号）である。言説は、超越的な記号によって、ア・プリオリに歪められていなければ、首尾よく働かない。こうした歪みを除去すれば、純粋な言説が得られるのではなく、言説一般を失うことになるのだ。その理由の厳密な説明には、非常に多くの紙幅を要するので、ここでは、以下に直感に訴える解説を与えるだけにとどめておこう。

かつて、ジャン＝ポール・サルトルは、こんな問いを立てたことがある。言語は有限なのに、「何でも語りうる」、無限に語りうるのはどうしてなのか、と。この疑問への解答は、サルトルとほぼ同世代のフランスの人類学者クロード・レヴィ＝ストロースが提起した「浮遊するシニフィアン」である。浮遊するシニフィアンとは、記号の欠如のための記号、記号の不足を埋める記号である。それは、何を意味しているのかはっきりしない空の記号なのだが、しかし、言説の領域の拡散した記号を統合する「決め」の要素として働く。つまり、「それ」と関係づけられることによって、他の記号の意味が確定し、安定するのだが、実は、肝心の「それ」が意味していることは、厳密にはよくわかっていない——したがって何でも意味することができる。言説の領域には、そのような記号が少なくとも一つ存在している。その要素が、言説の領域の全体としての機能を支える超越的な記号である。

たとえば、戦前の日本において、「国体」などという記号がまさにそれである。人は国体のために戦い死んだのだが、国体とは何かは誰にも定義できなかった。事情は戦後でも、変わらない。たとえば、本書で検討した、「反核」と言うときの「核」や、原子力崇拝がなされているときの「原子力」も、ほんとうはそのような記号であり、人々はわかっているつもりで、実はその内容を理解してはいなかったのである。

現代の大衆文化の中からも例を挙げておこう。「おたく」というカテゴリーを指す名前、「萌え」といった語、または「リア充」等の語彙に含まれている「リアル」などが、いささか狭い世界の中ではあるが、やはり、シニフィエが決定できない超越的な記号として機能している。

本書で、われわれは、意味の秩序としての現実は、反現実を参照することによって体系化される、という理解をもとに、戦後の精神史を区分してきた。さまざまな時代においてこの「反現実」に対応しているのも、ここに述べているような超越的な記号である。

ともあれ、目下の論脈で明確にしておかなくてはならないポイントは、合理的な討議・熟議を主唱する論者たちが「あってはならない」として除去しようとする、超越的な権威を有する記号は、言説が機能するためには、どうしても不可欠だということである。無論、その超越的な権威を可能にしている者、それを支えている社会的契機こそが、第三者の審級である。そうであるとすれば、単に「除去する」という方法によっては、われわれは、そうした権威の束縛から自由になることはできない。自由を得るためにも、その権威を活用しなくてはならない。その権威は、内側から食い破られるようにして克服されるしかないのだ。それならば、どうしたらよいのだろうか。

垂直的な関係を基底においた集合的意志決定

ここで、私は、一つの方法、集合的な意志決定をもたらすある方法を提案してみたい。

まずは、一つの指導的な委員会を構成する。最終的な決定、メンバーが従うべき最終的な決定をもたらすのが、この委員会の役目である。委員会の構成員、つまり委員をどのようにして決めるのか。実は極論すれば、最初の委員はくじ引きのような偶然的な方法——裁判員制度で裁判員を決めるような方法——で選出してもかまわない。くじ引きに抵抗がある場合には、選挙で決めてもよい。その後の委員の交代や改選については、別の方法があるのだが、その点は後述する。いずれにせよ、これから説明する方法の主眼は、この委員会を活用するそのやり方にある。

次の点に留意されたい。前項で批判的に吟味した、ハーバーマス的な討議では、メンバーの間の水平的な関係が基調である。それに対して、ここに提案している方法は、垂直的な関係が基底になっている。垂直的な関係とは、指導する委員会とそれに従う一般のメンバーとの間の関係を指している。委員会は、第三者の審級として作用する機関であり、これを通じて、言説の領域をまとめる「超越的な記号」がもたらされる。

しかし、委員会は、いきなり、真理を告知したり、法規範を発布したり、あるいは命令を発して、一般のメンバーを強制したりするわけではない。委員会が決定をもたらすまでには、次のような手続きが必要である。あるメンバーＡが、集団としてなすべきことに関して、固有のアイデアや意見をもっていたとする。Ａはこのアイデアや意見を委員会の場に持ち込み、そこで討議してもらうことによって、集団としての意思——こう言ってよければ「一般意思」へと転換する。あるいは、委員会の討議によって承認されたとき、Ａの意見は一般意思として資格づけられたと解釈する。

ただし、一般のメンバーが自分の意見を委員会の場へと持ち込むための手続きに、工夫をこらす。この工夫が最も肝心な点である。Aは、直接、委員会に出頭して、自分の意見を表明したり、報告したりするわけではない。Aと委員会の間に、媒介者Mを置くのだ。この媒介者Mは、裁判における弁護士に少し似ているが、弁護士とは違い、特別にAを応援しているわけではない。Mは、Aに共感しているわけでもなければ、反発しているわけでもない。Mは、集団内の一人のメンバー、まったく中立の常識的なメンバーであり、その役割は、ただ正確にAのアイデアを委員会に報告することに尽きる。したがって、Aは、集団内の常識を代表している平凡な他者Mが、そっくりそのまま委員会に伝達することができるように、明快に自分のアイデアを説明することができなくてはならない。

こうした方法で集団の意思決定をもたらすとき、Aがもちうる最も重要な意見は、「私こそは委員会の構成員(委員)に相応しい」という自己アピールではないだろうか。このようなとき、Aは、どのような意味で委員に値するのかを、Mを通じて委員会に伝達し、もし委員会がそれを承認すれば、Aは新規の委員に迎え入れられる。委員に任期等を決めておいて、この手法を用いて、委員会そのものを更新していってもよいだろう。

ラカンの「通り道」

以上の方法のどこがよいのか。ハーバーマス風の合理的な討議と比べて、何が優れているのか。

まず、精神分析、とりわけジャック・ラカンの精神分析論に通じている人であれば、直ちに気づくであろう。これは、ラカンが、彼のグループ「パリ・フロイト派」に向けて提案した、分析家の資格を承認するための手続きを、いくぶんか手直ししたものである、と。

ラカンは、この手続きを、分析家になることを望む主体が分析家の場所へと至る「通り道《パス》」であると呼んだ。分析家になりたい主体、先の説明でAにあたる主体は、「通行人《パッサン》」と呼ばれ、媒介者Mは「渡し守《パッスール》」と呼ばれる。通行人は、自己分析の結果を、渡し守――実はこの人物も分析家になることを望む仲間である――に語る。渡し守は、通行人の自己分析を、資格委員会に報告し、委員会は、それに基づいて、通行人が分析家の場所への移行に値するかどうかを審査する[2]。

ラカンは、弟子たちの反発に抗して、こうした手続きを導入した。一〇年ほど続けられたが、結局、あまりうまくいかなかった。ごくわずかしか合格者は出なかったし、不合格者の中には自殺した者までもいた。最後には、ラカン自身が「完全な失敗だった」と認めざるをえなかった。ラカンの死の二年前のことである。

しかし、失敗の原因ははっきりしている。ラカンその人である。ラカンの権威を相対化することができなかったのが、失敗の原因である。つまり、人々は、ラカンとの転移的な関係を克服することができなかったのだ。ラカンは、最後まで、ラカン派にとっての神であり続けたのである。

とすれば、この手続きは、ラカンとは無関係なところ、ラカンの無条件の権威が及ばないところでならば、機能する可能性がある。ラカンの「通り道」を、集団の民主的な意志決定の方法として、つまりメンバーの意見の通り道として活用することができてもおかしくはない。

第三者の審級の機能停止

どうして、Aは委員会と直接に接触してはならないのか。なぜ、Aと委員会との間に、媒介者Mという通路を設けなくてはならないのか。

Aが何か新しいことを発議するとき、委員会は、Aにとって論争相手である。Aは、自分が真理と見なすこと、正義と考えることを提案するが、委員会は、これとは異なった「真理」や「正義」を対置するだろう。Aと委員会が直接に対峙すれば、これは、あのハーバーマス風の合理的な討議の状況になるだろう。無論、両者が合意に到達する、いかなる保証もない。

媒介者Mの役割は、委員会とは違う。MはAに反論したり、Aの意見に異なる見解を対置したりするわけではない。しかし、Mは、Aの言わんとしていることを正確に理解しなくてはならない。Mは何をするだろうか。Mは、理解できないときには、ひたすらAに問うであろう。それは何なのか、どうしてそれがよいのか、等々と。Aとしても、Mがよくよく理解しなくては、自分のアイデアは委員会に伝わらないので、必死で、わかりやすく説得しなくてはならない。ここで排除されていることは、秘儀的な知の伝授とか、「あ・うん」の呼吸による伝達である。公共の知の世界で明晰に語りうることだけが、正確に委員会に伝わるからだ。

すぐに気がつくだろう。Mは、ソクラテスのように、自分を産婆役に比したソクラテスのように機能することに。ソクラテスは、対話相手に対して、決して、積極的な「真理」を対置しなかった。彼がやったことは、ただ問うことだけだった。ここでのMの仕事もまた、同じである。Mはその役割上、ただ問うことに徹する。しかし、問いだけは容赦がない。

Aにとっては、Mの向こう側にある委員会は、第三者の審級である。彼は、委員会の承認を求めているのだ。だが、Mという媒介を挟むことで、この第三者の審級に、独特の亀裂が走ることになる。第三者の審級というポジションとその機能との間に距離が生ずるのだ。これには説明が必要だろう。

第三者の審級は、権威ある超越的な記号をもたらす。「平和に貢献する原子力」とか「ユートピアとしての共産主義」等々の記号を、である。Aは、自分の意見、自分のアイデアが、第三者の審級としての委員会を通過することで、まさにそうした超越的な記号になることを望んでいる。

ところで、超越的な記号は無条件で、それ自体で権威あるもの、妥当なもの、望ましいものとして現れているのであり、それが流通するときには、すでに、決定的な選択、「あれか／これか」の選択は終わってしまっている。たとえば、われわれが原子力に(無意識のうちに)魅了されているとき、「原発推進か、脱原発か」という選択はすでに終わったものとして現れている。第三者の審級は――たとえば「国民の意志」という形式の第三者の審級は――、すでに原子力の採用を決断してしまっていて、初めから、もう一つの可能性は脱落しているのである。

しかし、Aが、Mからの挑戦的な質問と対峙しながら、第三者の審級としての委員会からの承認を求めているとき、どんなことが起きるか想像してみてほしい。彼は、「あれか／これか」の対立の中にあって、ほかならぬ「これ」であることをMに理解させなくてはならない。ということは、Aは、第三者の審級による選択や決断がなされる前の、決定不能の状態――「あれか／これか」という振幅の状態――にいったん連れ戻されることになる。これは、一方で、委員会という形態で第三者の審級というポジションが確保されているのだが、他方で、第三者の審級が――あれともこれともまだ決断していないという意味で――その役割の遂行を一時的に停止している状態である。Aは、確信をもって決断していない第三者の審級の前に立たされているのである。この第三者の審級は、神への不信を表明したイエス・キリストの極度に希釈された再現であるとしたら、それは言い過ぎだろうか。

われわれは、こう述べた。第三者の審級が、その不確実性において立ち現れるとき、それは未来の他者、われわれの現在を前未来の立場から見返す他者の等価物になりうるのだ、と。そうだとすれば、ここに提案した方法で機能する委員会は、未来の他者を、ここに、現在に呼び寄せる一つの方法である。(3)

(1) ユルゲン・ハーバーマス『コミュニケイション的行為の理論』上・中・下、河上倫逸ほか訳、未来社、一九八五・八六・八七年。
(2) 新宮一成『ラカンの精神分析』講談社現代新書、一九九五年。
(3) 以上の方法を、現実の集団や組織に実装しようとすれば、もちろん、いろいろな工夫が必要になるだろう。集団や組織の規模は、特に重要な要素となり、ときには、こうした方法が直接には適用できない。しかし、ここで示したのは、一つの「考え方」である。また、仮に一億人のスケールの集団には直接には応用できなくても、何らかの使命をもった社会運動に関与する集団においてであれば、この方法をそのまま利用できるのではないか。

あとがき

本書には、二〇一一年三月一一日に端を発した出来事――東日本大震災と原発事故――をきっかけにして考えたこと、考えさせられたこと、われわれ（の社会）について考えざるをえなかったことを記してある。とはいえ、「日本の原子力発電所をどうすべきか」は――ごく簡単に私の考えを述べてはあるが――本書の唯一の主題ではない。

われわれに特別な衝撃を与える出来事は常に、「それ以上のもの」としてたち現れる。原発事故にわれわれが非常なショックを受けたのは、それが「防波堤の設置についての手抜かり」や「日本の電力供給システムの失敗」を超えた何かを意味していると感じられたからである。

こういうとき、われわれは、その「超えた何か」「それ以上のもの」を言葉にし、それに対応したことを要求すべきではないだろうか。3・11の出来事を媒介にして、「東北地方の復興」や「日本の電力供給システムの改良」以上のことを――いっさいの妥協なしに〈すべて〉を――要求すべきではなかろうか。その〈すべて〉が何であるかを考察すること、これが本書のねらいであった。

タイトルに入っている「夢よりも深い覚醒」は、私の社会学の師、見田宗介先生の言葉である。3・11の出来事は、われわれの日常の現実を切り裂く(悪)夢のように体験された。その夢から現実へと覚醒するのではなく、夢により深く内在するようにして覚醒しなくてはならない。こうした趣旨から、先生の言葉を使わせていただいた。

本書の第I章は『文明の内なる衝突——9・11、そして3・11へ』の河出文庫版の増補部分「補章　倫理の偶有的な基礎——9・11と3・11の教訓」を、第II章は『サンガジャパン』6号に掲載した論文「オウムから原発へ」を、第III章は、『THINKING「O」』10号(左右社)に掲載した論文「原発はノンアルコール・ビールか?」を、それぞれ加筆し、修正したものである。

夢の〈現実性〉は、覚醒直後の心臓の激しい鼓動が鎮まらないうちに言葉にすることで、はじめて保存することができる。出来事から一年以内に本書を刊行すべく協力してくださった、岩波新書編集部の上田麻里さんに、心より感謝している。

二〇一二年二月一〇日

大澤真幸

大澤真幸

1958年長野県松本市に生まれる．
東京大学大学院社会学研究科博士課程修了．社会学博士．千葉大学文学部助教授，京都大学大学院人間・環境学研究科教授を歴任．個人思想誌『THINKING「O」』(左右社)主宰．
専攻―比較社会学・社会システム論
著書―『ナショナリズムの由来』(講談社，毎日出版文化賞受賞)
『〈世界史〉の哲学(古代篇，中世篇)』(講談社)
『不可能性の時代』(岩波新書)
『社会は絶えず夢を見ている』(朝日出版社)
『増補 虚構の時代の果て』(ちくま学芸文庫)
『現代宗教意識論』(弘文堂)
『「正義」を考える』(NHK出版新書)
『ふしぎなキリスト教』(共著，講談社現代新書，新書大賞受賞) ほか多数

夢よりも深い覚醒へ
―3・11後の哲学
岩波新書(新赤版)1356

2012年3月6日　第1刷発行

著　者　大澤真幸《おおさわまさち》

発行者　山口昭男

発行所　株式会社 岩波書店
〒101-8002 東京都千代田区一ツ橋2-5-5
案内 03-5210-4000　販売部 03-5210-4111
http://www.iwanami.co.jp/

新書編集部 03-5210-4054
http://www.iwanamishinsho.com/

印刷・三陽社　カバー・半七印刷　製本・中永製本

© Masachi Ohsawa 2012
ISBN 978-4-00-431356-4　Printed in Japan

岩波新書新赤版一〇〇〇点に際して

ひとつの時代が終わったと言われて久しい。だが、その先にいかなる時代を展望するのか、私たちはその輪郭すら描きえていない。二〇世紀から持ち越した課題の多くは、未だ解決の緒を見つけることのできないままであり、二一世紀が新たに招きよせた問題も少なくない。グローバル資本主義の浸透、憎悪の連鎖、暴力の応酬――世界は混沌として深い不安の只中にある。

現代社会においては変化が常態となり、速さと新しさに絶対的な価値が与えられた。消費社会の深化と情報技術の革命は、種々の境界を無くし、人々の生活やコミュニケーションの様式を根底から変容させてきた。ライフスタイルは多様化し、一面では個人の生き方をそれぞれが選びとる時代が始まっている。同時に、新たな格差が生まれ、様々な次元での亀裂や分断が深まっている。社会や歴史に対する意識が揺らぎ、普遍的な理念に対する根本的な懐疑や、現実を変えることへの無力感がひそかに根を張りつつある。そして生きることに誰もが困難を覚える時代が到来している。

しかし、日常生活のそれぞれの場で、自由と民主主義を獲得し実践することを通じて、私たち自身がそうした閉塞を乗り超え、希望の時代の幕開けを告げてゆくことは不可能ではあるまい。そのために、いま求められていること――それは、個と個の間で開かれた対話を積み重ねながら、人間らしく生きることの条件について一人ひとりが粘り強く思考することではないか。その営みの糧となるものが、教養に外ならないと私たちは考える。歴史とは何か、よく生きるとはいかなることか、世界そして人間はどこへ向かうべきなのか――こうした根源的な問いとの格闘が、文化と知の厚みを作り出し、個人と社会を支える基盤としての教養となった。まさにそのような教養への道案内こそ、岩波新書が創刊以来、追求してきたことである。

岩波新書は、日中戦争下の一九三八年一一月に赤版として創刊された。創刊の辞は、道義の精神に則らない日本の行動を憂慮し、批判的精神と良心的行動の欠如を戒めつつ、現代人の現代的教養を刊行の目的とする、と謳っている。以後、青版、黄版、新赤版と装いを改めながら、合計二五〇〇点余りを世に問うてきた。そして、いままた新赤版が一〇〇〇点を迎えたのを機に、人間の理性と良心への信頼を再確認し、それに裏打ちされた文化を培っていく決意を込めて、新しい装丁のもとに再出発したいと思う。一冊一冊から吹き出す新風が一人でも多くの読者の許に届くこと、そして希望ある時代への想像力を豊かにかき立てることを切に願う。

（二〇〇六年四月）